הגדה של פסח
Passover Haggadah

In Hebrew with an English translation
בלשון הקודש עם תרגום לאנגלית

ידוע כי אין בר בלי תבן, כך אין ספר בלי טעויות, ועוד יודע אני כי דל ועני אני, **ואין עני אלא בדעה**. לכן מבקש אני בכל לשון של בקשה אם יש לכל אחד שאלות, הערות, הארות, תיקונים, נא לשלוח ל - simchatchaim@yahoo.com והשתדל לענות, ולתקן את הצריך תיקון.

אין לעשות שימוש כל שהוא בחומר שבחלק זה לצורך מסחרי, אלא רק ללמוד וללמד.
להשיג ספר זה או ספרים אחרים לאינפורמציה
simchatchaim@yahoo.com

Copyright © All Rights reserved to Itzhak Hoki Aboudi

כל הזכויות שמורות למהדיר © יצחק חוגי עבודי

מהדורה ראשונה תשפ"ד 2023

Passover Haggadah   הגדה של פסח

Seder laws and customs

Includes telling the story, discussing the story, drinking four cups of wine, eating matzah, partaking of symbolic foods placed on the Passover Seder Plate, and  reclining in celebration of freedom. The Seder is performed in much the same way by Jews all over the world.

The Seder is a feast that includes reading, drinking wine, telling stories, eating special foods, singing, and other Passover traditions.

As per Biblical command, it is held after nightfall on the first night of Passover (and the second night if you live outside of Israel), the anniversary of our nation's miraculous exodus from Egyptian slavery more than 3,300 years ago.

During the course of the evening you will have:
Four cups of wine.
Veggies dipped in saltwater.
Matzah.
Bitter herbs, often horseradish (without additives) and romaine lettuce, dipped into charoset (a paste of nuts, apples, pears and wine).
And a festive meal.

Ceremonial foods are all arranged on a platter, called a ka'arah or Seder plate. There is one ka'arah on the Seder table.

Passover Haggadah   הגדה של פסח

The procedure is all laid out in a book called a Haggadah, Although the text is in Hebrew (with a sprinkling of Aramaic), it is perfectly acceptable to read the Haggadah in translation if you don't understand Hebrew.

At the Seder, every person should feel as if he or she were going out of Egypt. We begin with the story of our patriarchs, Abraham, Isaac and Jacob, and recount the Jewish people's descent into Egypt, recalling their suffering and persecution. We are with them as G-d sends the ten plagues to punish Pharaoh and his nation, and follow along as they leave Egypt and cross the Red Sea. We witness the miraculous hand of G-d as the waters part, allowing the Israelites to pass.

There Is 15 steps to the Seder

1. Kaddesh - the Benediction
The Seder begins with the saying kiddush, proclaiming the holiness of the holiday. This is said while holding a cup of wine, the first of the four cups we will drink (while reclining) throughout the Seder.

2. Urechatz - Washing Hands.
We wash our hands from a cup, but without saying a blessing.

3. Karpas - Eating a vegetable dipped in salt water.
Eating a vegetable dipped in salt water. The next step in the Seder, Karpas, requires dipping a vegetable into salt water.

Passover Haggadah   הגדה של פסח

A small piece of vegetable (celery or boiled potato) is dipped into salt water and eaten (after reciting the blessing over the vegetable)

4. Yachatz - Breaking the Matzah.
The middle matzah on the Seder plate is broken in two. The smaller part of the middle matzah is returned to the Seder plate. This broken middle matzah, the "bread of poverty," remains visible as we tell the story of Exodus and will be eaten shortly thereafter. The larger piece is put aside for later use as the Afikomen. This unusual action of breaking the matzah attracts the child's attention.

5. Maggid - the Haggadah.
At this point, the poor are invited to join the Seder. The Seder tray is moved aside, a second cup of wine is poured, and the child, who by now is bursting with curiosity, asks the time-honored question.
Mah nishtanah ha-lailah hazeh mikol ha-leilot? Why is this night different from all other nights? Why only matzah? Why the dipping? Why the bitter herbs? Why are we relaxing and reclining as if we were kings?
The child's questioning triggers one of the most significant elements of Passover, which is the highlight of the Seder. Reading the Haggadah which tells the story of the Exodus from Egypt. The answer includes a brief review of history, a brief narrative of how Abraham rejected idolatry and entered a pact with G-d, a description of the suffering imposed upon the Israelites, a listing of the plagues visited on the Egyptians, and an

Passover Haggadah   הגדה של פסח

enumeration of the miracles performed by the Almighty to redeem His people. We conclude by thanking G-d for the having set us free from Egypt and a prayer for the Final Redemption.

6. Rachtzah - Washing Before the Meal.
After concluding the first part of the Haggadah by drinking the second cup of wine (while reclining), the hands are washed again, this time with the customary blessing, as is usually done before eating bread.

7. Motzi - We Eat the Matzah.
Taking hold of the three matzahs (with the broken one between the two whole ones), recite the customary blessing before bread.

8. Matzah
Then, letting the bottom matzah drop back onto the plate, and holding the top whole matzah with the broken middle one, recite the special blessing "al achilat matzah." Then break a bit of the upper matzah and at least one ounce from the middle matzah (ideally an ounce from each), and eat the two pieces together while reclining.

9. Marror - the Bitter Herbs.
Take at least one ounce of the bitter herbs. Dip it in the charoset, then shake the latter off and make the blessing "al achilat maror." Eat without reclining.

10. Korech - Eat a sandwich with matzah and marror.
In keeping with the practice of Hillel, the great Talmudic sage, a sandwich of matzah and marror is eaten. Break

Passover Haggadah   הגדה של פסח

two pieces off the bottom matzah, which should be at least one ounce together. Again, take at least one ounce of bitter herbs and dip them in the charoset, which is shaken off. Place this between the two pieces of matzah and eat the sandwich while reclining.

11. Shulchan Orech - Eat the festive meal.
The holiday meal is now served. We begin the meal by eating the hard-boiled egg dipped into salt water. Traditionally associated with mourning, the egg reminding us that our meal lacks the sacrificial lamb.
Note: The z'roa (the leg of lamb or chicken leg or neck on the Seder plate), is not eaten at the Seder.

12. Tzafun - Eat the Afikoman.
After the meal, the half-matzah that had been "hidden" and set aside for the afikomen is taken out and eaten. It symbolizes the Paschal lamb, which our ancestors ate at the end of their Passover Seders.
Everyone should eat at least one ounce of matzah, reclining, before midnight. After eating the Afikoman, we do not eat or drink anything except for the two remaining cups of wine.

13. Barech - Blessings After the Meal.
A third cup of wine is filled and Grace After Meals is recited. After the Grace, we recite the blessing over wine and drink the third cup while reclining.
Now we fill the cup of Elijah and our own cups with wine. We open the door and recite the passage inviting the Prophet Elijah.

Passover Haggadah   הגדה של פסח

14. Hallel—Songs of Praise. At this point, having recognized the Almighty and His unique guidance of the Jewish people, we go still further and sing His praises as Lord of the entire universe.

After reciting the Hallel, we again recite the blessing over wine and drink the fourth cup reclining.

Nirtzah - Acceptance.

Having completed the Seder, we are sure that it has been well received by the Almighty. We then say "L'shanah haba'ah b'Yerushalayim" - Next year in Jerusalem.

הקדמה לליל הסדר, והלכות באופן כללי

רבינו האר"י ז"ל מסביר כי כל ירידת בני ישראל למצרים, עבודת הפרך ויציאת מצרים והסדר של ליל פסח קשור באופן ישיר לחטא אדם וחווה וחטא עץ הדעת. ידוע כי באותו יום שנברא האדם וחווה חטא האדם באכילה מעץ הדעת אשר אלוהי"ם אסר עליו לאוכלו. חז"ל דנו בשאלה איזה פרי היה עץ הדעת.

יש שלוש דעות מרכזיות, באחת כי העץ היה **חיטה**, השנייה **גפן**, והשלישית **תאנה**. יש עוד דעה שהעץ היה אתרוג.

ידוע כי כל דבר חז"ל בגמרא ובמדרשים הם דברים עמוקים ולא סיפורים בעלמא אלא הכל סודות עמוקים בתורת הקבלה והנסתר.

רבינו יוסף חיים מבגדד מסביר[1] את הסיבה לשלושת מיני הפרי. חיטה, האות הראשונה זה **ח'**, גפן זה **ג'**, ותאנה זה **ת'**. בשלושת האותיות האלה לחסד גבורה תפארת. כאן חז"ל רמזו לנו על סוד נפלא כי האדם וחוה פגעו בספירות הקדושות, ואנחנו צריכים לתקן את החטא בסוד הפסוק "אבות אכלו בוסר ושיני בנים תקהינה". התיקון הוא שכמו שהאדם פגע באכילת החיטה (חסד) אנחנו צריכים לאכול בקדושה את המצה העשויות מחיטה. כמו שהאדם פגע בגפן (גבורה) צריכים אנו לתקן בזה ששותים ארבע כוסות יין. את התאנה (תפארת) מתקנים כאשר אוכלים את החרוסת.

בסדר הפסח יש ט"ו (15) חלקים, הנזכרים בתחילת הסדר, קדש ורחץ... שלחן עורך... וכו'.

בעל הבית יתנהג הוא ואשתו כמלכים. יהיה השולחן מסודר ומפואר כפי יכולת המשפחה, ואם אפשר להשתמש בכלי כסף וזהב, מה טוב. ובעל הבית יקבל את כוס הקידוש בשתי ידיו מאדם אחר ויחזיק אותו ביד ימין. על פי הקבלה יש למזוג לכוס הקידוש שלוש טיפות של מים. את הקידוש

---

[1] **בן איש חי ש"ב בראשית, הקדמה** – "ותרא האשה כי טוב העץ למאכל וכי תאווה הוא לעיניים ונחמד העץ להשכיל ותיקח מפריו ותאכל". הנה רבותינו זכרונם לברכה אמרו - עץ שאכל אדם הראשון, חטה היה. עוד אמרו - גפן היה. עוד אמרו - תאנה היה. ובאמת אלו ואלו דברי אלהי"ם חיים דכלהו איתנהו, כי עץ הדעת היה בו פרי טעם חטה, ופרי טעם תאנה, ופרי טעם גפן. ואל תתמה על הדבר, הלוא **במן** מצינו דאמרו רבותינו זיכרונם לברכה - שהיה מתהפך לכל טעמים שבעולם. ונראה דהיה בעץ הדעת פירות משלשה מינים אלו שהם ראשי תיבות **חג"ת**, מכונים לשלשה קווין שהם: **ח'**סד **ג'**בורה **ת'**פארת, אשר גם כן ראשי תיבות שלהם **חג"ת**, והאדם שנקרא - "עץ השדה", הנה גם בו יש שלשה קווין שהם **חג"ת**, ולכן זכר הכתוב שלשה חלוקות...........

הגדה של פסח — Passover Haggadah

יש לעשות בעמידה והשתייה בישיבה. כאשר שותים יש לסב לצד שמאל בשתייה, וגם באכילת המצה, והכורך.

הלכות ליל הסדר

א. קדש טוב שהילדים ישנו בערב פסח ביום, בכדי שיוכלו להישאר ערניים בכל הסדר, ויקיימו בהם מצות והגדת לבנך. וילד שמבין בסיפור יציאת מצרים, מצווה לתת לפניו יין לארבע כוסות, אלא שאין צריך רביעית, וייתן להם מיץ ענבים.

כל בני הבית צריכים להקשיב אל הקידוש, והשומע והמשמיע יכוונו לצאת ולהוציא ידי חובה, יצאו ידי חובה.

והקידוש נוהגים לאומרו מעומד, וכשמסיים הקידוש יושב ומסב ושותה מכוס הקידוש, צריכים הסיבה בשתיית ארבע הכוסות, ובאכילת כזית המצה הראשון, באכילת הכורך ובאכילת האפיקומן, ושאר כל סעודתו אם ירצה להסב, הרי זה משובח. ומהותה של ההסיבה היא פעולה של ישיבה לצד שמאל, וגם אדם איטר יד שמאלי יטה על צידו השמאלי בדרך של חירות- המעוררת את תודעתו של האדם ושל הסובבים לחוש את תחושת החירות, ההסבה צריכה להיות בצד שמאל, ואם הסב בצד ימין, כאלו לא הסב כלל.

ניתן להישען על משענת יד של הכסא, ואם אין ידית לכסא משענת יסב על גב הכסא, או יכול להיסב על צד השולחן או על חברו.

הנשים חייבות בהיסבה באכילת המצה ובאכילת הכורך והאפיקומן וכמובן גם בשתיית ד הכוסות, אך אישה שלא היסבה, בדיעבד יצאה ידי חובה.

ולכן אם אכל מצה בלא היסבה, צריך לחזור ולאכול, וכן אם שתה ארבע כוסות בלא היסבה, חוזר לשתות בהיסבה ואינו מברך בשנית ברכת הגפן כאשר שכח להיסב. ואפילו בכוס שלישי או רביעי. אדם שאינו בקו הבריאות וקשה לו לחזור ולשתות יכולים להקל ולא להיסב.

אפילו מי שהיין מזיקו, או ששונא את היין, חייב לדחוק את עצמו לשתות ארבע כוסות, ומברך על היין כרגיל, אך די אפילו לכתחילה לאדם כזה לצאת ידי חובה במיץ ענבים, וכן יש להקל לנשים שקשה עליהן מאד לשתות ארבע כוסות של יין ממש, לשתות מיץ ענבים לארבע כוסות. וכל זה לעניין ארבע כוסות, אבל לקידוש והבדלה, מיץ ענבים כשר אף לכתחילה. שיעור הכוס הוא 81 סמ"ק וישתה לכתחילה כל הכוס, ובדיעבד אם שתה רובו יצא. גם בקידוש של ליל פסח שכוסו של כל אחד ואחד מונח בידו, יש לנהוג כמו בקידוש של שבת ויום טוב, שבעל הבית או ראש המשפחה לבדו יאמר כל ברכות הקידוש, ויכוון להוציא את כל השומעים ידי חובתם.

כשמברך שהחיינו בקידוש יכוין לפטור גם את המצה והמרור מברכת שהחיינו

ב. רחץ, נוטל ידיו כדין נטילת ידיים לאכילת פת, בכל דקדוקיה ופרטיה, כדי לטבל הכרפס במשקה, שכל דבר שטיבולו במשקה צריך נטילת ידיים, ובכל זאת לא יברך על נטילת ידיים, וטוב שלא ישיח עד אחר ברכת ואכילת הכרפס, משום שמיד לנטילה ברכה.

ג. כרפס, ייקח פחות מ-27 גרם כרפס, ויטבילנו בחומץ או במי מלח ולימון, שיש בהם רוב מים, ויברכו כל המסובים עליו **בורא פרי האדמה** ויכוין לפטור בזה את המרור שאוכל אחר כך בלי ברכת האדמה. ולכתחילה יש להדר אחר הכרפס, מפני שיש טעמים רבים לאכילתו, אולם אם אינו מוצא כרפס ייקח אחד משאר ירקות, ויטבילנו בחומץ כנזכר. אבל עדיף יותר לעשות כן בכרפס.

ד. יחץ, ייקח מן השלש מצות המונחות לפניו, את המצה האמצעית, ויחצה אותה לשתים, ויניח את החלק הקטן בין שתי המצות השלמות, ואת החלק הגדול ייתן לאחד מן המסובים, לשומרה לאפיקומן, ואם שכח ולא בצע קודם ההגדה, בוצע באמצע ההגדה במקום שנזכר. ונותנים אותה תחת המפה, ולא יבצע בסכין אלא בידו, שכן דרכו של עני.

ה. מגיד, אחת המצוות **העיקריות ביותר של ליל הסדר** הוא לספר בסיפור יציאת מצרים, וראוי לספר במדרשי אגדה בדברים המושכים לבבות השומעים, בחסדי השם יתברך עמנו, וכבר הפליגו בזוהר הקדוש בשבח המספר ביציאת מצרים בליל פסח. ואמרו שכל מי שמספר ביציאת מצרים בליל פסח ושמח בסיפור ההוא, עתיד הוא לשמוח עם השכינה בעולם הבא. ומכל מקום כשיש ילדים קטנים, שיש חשש שישנו לפני אכילת מצה ומרור לא יאריך כל כך, כדי לזכותן בכל המצוות הנהוגות.

קודם מה נשתנה, **מוזגים לו כוס שני**, כדי שישאלו התינוקות למה שותים כוס שני קודם סעודה. ואם אין שם בן, אשתו שואלת, ואם לאו הוא שואל את עצמו, ואפילו תלמידי חכמים שואלים זה לזה מה נשתנה. ואין צריך לשטוף ולהדיח הכוס, אם כל אחד שותה מכוסו, ואין שם תערובת כוסות.

אף הנשים חייבות בסיפור יציאת מצרים, ואם אינה יודעת לקרוא, יכולה לצאת ידי חובה בשמיעה, שהשומע כעונה, ויטו אוזן קשבת להבין עניין יציאת מצרים ואם אינה מבינה בלשון הקודש, צריך לתרגם לה בשפה המובנת לה. נכון לכתחילה שלא יוציאו את האנשים ידי חובה. מיהו בדיעבד יצאו האנשים ששמעו ממנה, ידי חובת ההגדה וסיפור יציאת מצרים. ומהיות טוב יאמרו הגברים, פסח מצה ומרור, וטעמיהם.

מצות עשה לספר לילדיו סיפור יציאת מצרים, ולהרחיב בדבר, אפילו אם אינם יודעים לשאול, ילמדם כפי דעתם, ולאו דווקא בנו, אלא שהבן קודם ועיקר המצווה בבן שלא הגיע למצוות, כל שיודע ומבין בסיפור יציאת מצרים. ולפי דעתו של בן, אביו מלמדו. ומצווה זו מתייחסת גם לבנות.

הגדה של פסח — Passover Haggadah

כשיאמר **דם ואש ותמרות עשן**, נוהגים לשפוך מעט מן הכוס עצמו. לתוך כוס שבור, וכן כשמזכיר **המכות** בראשי תיבות **דצ"ך עד"ש באח"ב** בכלל, ובפרט דם צפרדע וכו', ובסך הכל ט"ז (16) פעמים. ונוהגים לשופכו כולו, ואחר כך שוטפין הכוס ומוזגים אותו שנית.

במהלך קריאת ההגדה כשיגיע לאמירה "**מצה זו**" צריך להגביה המצה, להראותה למסובין שתתחבב המצווה עליהם, ויש להגביה המצה הפרוסה שהיא כלחם עוני. וכן כשיגיע למרור זה. אבל כשאומר פסח שהיו אבותינו וכו', לא יגביה הזרוע הצלוי שהוא זכר לקרבן פסח, שאז נראה כאילו הקדישו לכך, אלא יסתכל בו ודיו.

אחר שבירך ברכת אשר גאלנו עד גאל ישראל, שותה הכוס השני בהסבה לצד שמאל, ואם שכח ושתה בלא היסבה, חוזר ושותה בהיסבה. ואין צריך לחזור ולברך על הכוס האחר ברכת בורא פרי הגפן (האשכנזים מברכים על כל ארבעה הכוסות), ואף אם אינו רגיל לשתות יין באמצע סעודתו, ולא יברך אחריו על הגפן, שברכת המזון פוטרתו.

ו. רחצה, ייטול ידיו כדת, ויברך על נטילת ידיים.

נהגו בליל פסח שלא לאכול בשר בהמה חיה או עוף הצלויים, אך ביום אין איסור. אבל הזרוע שנהגו לצלותו ולהניחו בקערה של הסדר, אין לאכלו בליל פסח.

ז. מוציא, ייקח המצות כסדר שהניחם, הפרוסה בין שתי השלמות, ויאחזם בידו ויברך "המוציא לחם מן הארץ". ונוהגים שלאחר שמברך המוציא שומט המצה השלישית מידו, ונשארת בידו העליונה עם הפרוסה,

ח. מצה, ומברך "על אכילת מצה". ובוצע מהשלמה העליונה ומן הפרוסה משתיהן ביחד, כזית 27 גרם מכל אחד, ויטבלם במלח, ויאכלו כל אחד מאנשי הבית בהסבה ביחד. ואם אינו יכול לאכול כשני זיתים ביחד, יאכל של המוציא תחלה שהיא השלימה העליונה, ואחר כך של אכילת מצה שהיא הפרוסה, ובדיעבד אם אכל רק כזית אחד, בין מן השלימה בין מן הפרוסה יצא.

ט. מרור, ייקח כזית 27 גרם מרור, וישקענו מקצתו בחרוסת, והמחמיר לשקעו כולו בחרוסת תבוא עליו ברכה. אבל לא ישהנו בתוכו, כדי שלא יתבטל טעם מרירותו, ולכן צריך גם כן לנער את החרוסת מעליו, ויברך **על אכילת מרור**, ויאכלנו בלא היסבה. אף אם שכח לטבל המרור בחרוסת, ואכלו בלא טיבול, צריך לחזור ולאכול כזית מרור על ידי טיבול בחרוסת בלי ברכה.

י. כורך, יקח כזית מצה, מן המצה השלישית, וכורכה עם כזית מרור, וטובלה בחרוסת, ואומר: **זכר למקדש כהלל וכו'**, ואוכלם ביחד בהיסבה.

אחר שטיבל הכריכה בחרוסת אין צריך לנער החרוסת אחר הטיבול, שהואיל ואינו אלא דרך טיבול בעלמא, כיון שאינו משהה הכריכה בתוך החרוסת, אינו מבטל טעם המרור וכן המנהג.
צריך לאכול הכריכה בהיסבה, ומכל מקום מי ששכח ואכל הכורך בלי היסבה, וקשה עליו לחזור ולאכול אין צריך לחזור ולאכול בהיסבה. ומיהו אם רוצה להחמיר ולאכול שנית בהיסבה, תבוא עליו ברכה.
יא. שולחן עורך, ערוך שולחנו ויסעד לבו בשמחה, כיד ה' הטובה עליו. ואם היסב הרי זה משובח. והחכם עיניו בראשו לבל ימלא כריסו, כדי שיאכל את האפיקומן בתיאבון, ולא אכילה גסה, ושלא יהיה עליו לטורח.
יב. צפון, לאחר גמר כל הסעודה, אוכלים אפיקומן ממצה השמורה המונחת תחת המפה כזית מצה לכל אחד מהמסובים, זכר לפסח הנאכל על השובע ויש לכוין זאת באכילה . ויש נוהגים לומר זכר לקרבן פסח. ואת האפיקומן אוכל ללא שום תוספת כדי שיהיה טעם מצה בפיו.
יש, להסב בעת אכילת האפיקומן, שאם לא כן יצטרך לאוכלו שנית, בהיסבה.
אין לאכול שום דבר אחר האפיקומן, כדי שיישאר טעם מצה בפיו. מותר לשתות מים אחר אפיקומן, ושאר משקים שאינם משכרים, אבל לא יין, או שאר משקים המשכרים, חוץ משתי כוסות היין שתקנו חז"ל. והיושב ועוסק בהלכות פסח ובסיפור יציאת מצרים אחר הסדר, רשאי לשתות קפה או תה, כדי להתעורר ולהפיג יינו.
נכון לומר דברי תורה על השולחן, **וללמוד משניות פסחים**, דבר בעתו מה טוב.
יג. ברך, ייטול ידיו למים אחרונים ויברך ברכת המזון על הכוס, וישטוף הכוס וידיחנו אפילו הוא נקי, ומקבלו בשתי ידיו, וכשמתחיל לברך נוטלו בידו הימנית ללא סיוע בידו השמאלית, ויגביהנו מעל השולחן טפח, ונותן בו עיניו שלא יסיח דעתו וכל המסובים יתפסו הכוס בידם בעת ברכת המזון. אם בשבת מוסיפים רצה והחליצנו ביום השבת הזה.
כשיסיים ברכת המזון **יברך על הכוס השלישית בורה פרי הגפן**, ויכוון לפטור כוס רביעית (האשכנזים מברכים על הכוס הרביעי), וישתה הכוס בהיסבה, ואם לא היסב חוזר ושותה בהיסבה. אם רצה לשתות יין בין כוס שלישית לרביעית לא ישתה.
יד. הלל, יגמור ההלל בשמחה וחדווה, ויאחז הכוס בידו כדי לגמור עליו את ההלל. ואם אינו יכול לעשות כן במשך כל ההלל, יוכל להניחו לפניו ודיו. ומכל מקום טוב לאחזו לפחות בברכת יהללוך.
חשוב לעודד את כל המסובים שיאמרו ההלל בהתלהבות, ולא יקראו את ההלל והם מתנמנמים, ומכל שכן בשחוק וקלות ראש.
יזהר לסיים את ההלל קודם חצות הלילה, וכן שתיית כוס רביעי, ומכל מקום אם נתאחר עד אחר חצות, לא יחתום ברכת יהללוך בשם ה'.

ישתה הכוס בהיסבה, ולא ישתה פחות מרביעית, שהוא שיעור של 81 סמ"ק, כדי שיברך ברכה אחרונה, ואם שכח ולא היסב, אם נשאר בכוס קצת יין, יחזור וימלאנו וישתה בהיסבה בלי ברכת הגפן. ואם לאו, ישתה כוס אחר ויברך עליו.

טו. נרצה, ירצה ה' פועלו ותהי משכורתו שלימה, ומצוה שיספר ביציאת מצרים אחר הסדר כפי יכולתו, ויש נוהגים לומר פיוטים ויישן מתוך קריאת שמע, והמנהג כבכל לילה לקרוא קריאת שמע שלעל המיטה את שלושת הפרשיות.

חייב אדם לעסוק בהלכות פסח וביציאת מצרים, ולספר בנסים ובנפלאות שעשה הקב"ה לאבותינו, עד שתחטפנו שינה.

שנזכה לחג כשר ושמח גאולה פרטית וכללית בקרוב אמן!

בְּדִיקַת חָמֵץ

בָּרוּךְ אַתָּה ה' אֱלֹהֵינוּ מֶלֶךְ הָעוֹלָם אֲשֶׁר קִדְּשָׁנוּ בְּמִצְוֹתָיו וְצִוָּנוּ עַל בִּעוּר חָמֵץ:

כָּל חֲמִירָא וַחֲמִיעָא דְּאִכָּא בִרְשׁוּתִי דְּלָא חֲמִתֵּהּ וּדְלָא בַעֲרְתֵּהּ לִבְטִיל וְלֶהֱוֵי כְּעַפְרָא דְאַרְעָא:

Search for Leaven

Blessed are You, Adonai, our God, sovereign of the universe, who sanctified us with Your commandments .and commanded us regarding the elimination of leaven

Let any fermentation or leaven in my possession that I have not noticed and have not eliminated be .nullified and become as the dust of the earth

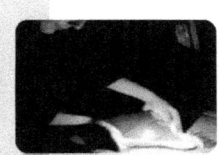

בִּיעוּר חָמֵץ

כָּל חֲמִירָא וַחֲמִיעָא דְּאִכָּא בִרְשׁוּתִי דַּחֲמִתֵּהּ וּדְלָא חֲמִתֵּהּ דְּבַעֲרְתֵּהּ וּדְלָא בַעֲרְתֵּהּ לִבְטִיל וְלֶהֱוֵי כְּעַפְרָא דְאַרְעָא:

Elimination of Leaven

Let any fermentation or leaven in my possession, whether or not I have noticed it and whether or not I have eliminated it, be nullified and become as the dust of the earth

עֵירוּב תַּבְשִׁילִין

בָּרוּךְ אַתָּה יְיָ אֱלֹהֵינוּ מֶלֶךְ הָעוֹלָם אֲשֶׁר קִדְּשָׁנוּ בְּמִצְוֹתָיו וְצִוָּנוּ עַל מִצְוַת עֵרוּב:

בַּהֲדֵין עֵרוּבָא יְהֵא שָׁרֵא לָנָא לְמֵיפֵא וּלְבַשָּׁלָא וּלְאַטְמָנָא וּלְאַדְלָקָא שְׁרָגָא וּלְמֶעְבַּד כָּל־צָרְכָנָא מִיּוֹמָא טָבָא לְשַׁבְּתָא לָנוּ וּלְכָל־הַדָּרִים בָּעִיר הַזֹּאת:

Mingling of Foods

Blessed are You, Adonai, our God, sovereign of the universe, who has sanctified us with Your commandments and commanded us regarding the commandment of mingling

By means of this mingling, let it be permissible for us to bake, cook, insulate hot foods, transfer fire, and tend to all our needs during the festival for the Sabbath—for us and for all who reside in this city

Parts of the Seder סימני הסדר

Sanctification of the Day over Wine	קַדֵּשׁ
Preliminary Hand Washing	וּרְחַץ
Eating a Vegetable	כַּרְפַּס
Breaking the Middle Matzah	יַחַץ
Discussing the Exodus	מַגִּיד
Washing Hands before the Meal	רַחַץ
Motzi	מוֹצִיא
Eating the Matzah	מַצָּה
Eating the Bitter Herb	מָרוֹר
Eating the Hillel Sandwich	כּוֹרֵךְ
Shulchan Orech	שֻׁלְחָן
Eating the Festival Meal	עוֹרֵךְ
Eating the Afikoman	צָפוּן
Grace After Meals	בָּרֵךְ
Songs of Praise	הַלֵּל
Concluding Songs	נִרְצָה

Passover Haggadah   הגדה של פסח

The Seder Plate   קערה של פסח

Maror Bitter herbs symbolizing the bitterness and harshness of the slavery that the Hebrews endured in Egypt.

Charoset A sweet, brown mixture representing the mortar and brick used by the Hebrew slaves to build the storehouses or pyramids of Egypt.

Karpas A vegetable other than bitter herbs representing hope and renewal, which is dipped into salt water at the beginning of the Seder.

Zeroah Also transliterated Z'roa, it is special as it is the only element of meat on the Seder Plate. Roasted chicken neck or shankbone.

Beitzah A roasted hard-boiled egg, symbolizing the korban chagigah (festival sacrifice) that was offered in the Temple in Jerusalem and roasted and eaten as part of the meal on Seder night.

Chazeret Bitter herbs symbolizing the bitterness and harshness of You've the slavery that the Hebrews endured in Egypt. The Chazeret is eaten with the sandwich.

Shmurah Matzah Traditional handmade shmurah matzah is recommended for seder use. Include handmade Shmurah Matzah at your seder table and share this sacred tradition with your friends and family.

הגדה של פסח   Passover Haggadah

קדש: כולם אומרים את נוסח ה"קידוש" על היין, ושותים כוס יין אחת.

ורחץ: לאחר-מכן נוטלים ידיים (ללא ברכה).

כרפס: ואוכלים פרוסת ירק סלרי, או תפוח אדמה טבולה במי מלח.

יחץ: את המצה האמצעית של ה"קערה" חוצים לשתי פיסות.

מגיד: וקוראים את ההגדה... ושותים את הכוס השניה.

רחצה: שוב נוטלים ידיים, עם ברכה.

מוציא: אומרים את ברכת "המוציא לחם מן הארץ".

מצה: ברכה על המצה, ואוכלים מצה.

מרור: אוכלים ירק מר, קלחי חסה, לזכר המרירות.

כורך: ואוכלים כריך מצה שבתוכו מרור.

שולחן עורך: בלב מלא שמחה אנו אוכלים סעודה חגיגית.

צפון: ומוציאים את ה"אפיקומן", ואוכלים אותו.

ברך: אומרים ברכת המזון לאחר הסעודה, שותים כוס יין שלישית.

הלל: מהללים את ה' באמירת ה"הלל", ושותים את הכוס הרביעית.

נרצה: אנו יודעים כי ליל הסדר שערכנו רצוי לפני הקדוש-ברוך הוא.

Passover Haggadah   הגדה של פסח

קדש

Sanctification of the Day over

אם חל בשבת אומרים

יוֹם הַשִּׁשִּׁי. וַיְכֻלּוּ הַשָּׁמַיִם וְהָאָרֶץ וְכָל צְבָאָם: וַיְכַל אֱלֹהִים בַּיּוֹם הַשְּׁבִיעִי מְלַאכְתּוֹ אֲשֶׁר עָשָׂה. וַיִּשְׁבֹּת בַּיּוֹם הַשְּׁבִיעִי מִכָּל מְלַאכְתּוֹ אֲשֶׁר עָשָׂה: וַיְבָרֶךְ אֱלֹהִים אֶת יוֹם הַשְּׁבִיעִי וַיְקַדֵּשׁ אֹתוֹ. כִּי בוֹ שָׁבַת מִכָּל מְלַאכְתּוֹ אֲשֶׁר בָּרָא אֱלֹהִים לַעֲשׂוֹת:

ואם חל יום טוב בחול מתחילים מכאן

אֵלֶּה מוֹעֲדֵי ה' מִקְרָאֵי קֹדֶשׁ. אֲשֶׁר תִּקְרְאוּ אֹתָם בְּמוֹעֲדָם. וַיְדַבֵּר מֹשֶׁה אֶת מֹעֲדֵי ה' אֶל בְּנֵי יִשְׂרָאֵל:

סַבְרִי מָרָנָן:
בָּרוּךְ אַתָּה ה' אֱלֹהֵינוּ מֶלֶךְ הָעוֹלָם, בּוֹרֵא פְּרִי הַגָּפֶן:
בָּרוּךְ אַתָּה ה' אֱלֹהֵינוּ מֶלֶךְ הָעוֹלָם, אֲשֶׁר בָּחַר בָּנוּ מִכָּל עָם. וְרוֹמְמָנוּ מִכָּל לָשׁוֹן. וְקִדְּשָׁנוּ בְּמִצְוֹתָיו. וַתִּתֶּן לָנוּ יְהֹוָה אֱלֹהֵינוּ בְּאַהֲבָה. (שַׁבָּתוֹת לִמְנוּחָה וּ) מוֹעֲדִים לְשִׂמְחָה. חַגִּים וּזְמַנִּים לְשָׂשׂוֹן. (אֶת יוֹם הַשַּׁבָּת הַזֶּה וְ) אֶת יוֹם חַג הַמַּצּוֹת הַזֶּה. וְאֶת יוֹם טוֹב מִקְרָא קֹדֶשׁ הַזֶּה. זְמַן חֵרוּתֵנוּ. בְּאַהֲבָה מִקְרָא קֹדֶשׁ. זֵכֶר לִיצִיאַת מִצְרָיִם. כִּי בָנוּ בָחַרְתָּ וְאוֹתָנוּ קִדַּשְׁתָּ מִכָּל הָעַמִּים. (וְשַׁבָּתוֹת וּ) מוֹעֲדֵי קָדְשֶׁךָ (בשבת אומרים בְּאַהֲבָה וּבְרָצוֹן) בְּשִׂמְחָה וּבְשָׂשׂוֹן הִנְחַלְתָּנוּ. בָּרוּךְ אַתָּה ה' מְקַדֵּשׁ (הַשַּׁבָּת וְ) יִשְׂרָאֵל וְהַזְּמַנִּים:

Passover Haggadah   הגדה של פסח

When the festival occurs on Shabbat, start here

Prepare the meal of the supernal King. This is the meal of the Holy One, blessed be He, and His Shechinah
The sixth day. And the heavens and the earth and all their hosts were completed. And on the seventh day G-d finished His work which He had made, and He rested on the seventh day from all His work which He had made. And G-d blessed the seventh day and made it holy, for on it He rested from all His work which G-d created to make

When the festival begins on a weekday begin here

Attention Gentlemen
Blessed are You, L-rd, our G-d, King of the universe, who creates the fruit of the vine
Blessed are You, G-d, our G-d, King of the universe, who has chosen us from among all people, and raised us above all tongues, and made us holy through His commandments. And You, G-d, our G-d, have given us in love (On Shabbat add the shaded words **Shabbaths for rest and**) festivals for happiness, feasts and festive seasons for rejoicing this (On Shabbat add the shaded words **Shabbat day and**) the day of this Feast of Matzot and this Festival of holy convocation, the Season of our Freedom in love, a holy convocation, commemorating the departure from Egypt. For You have chosen us and sanctified us from all the nations, and You have given us as a heritage Your holy (On Shabbat add the shaded words **Shabbat**) and Festivals in love and favor, in happiness and joy. Blessed are You, G-d, who sanctifies the (On Shabbat add the shaded words **Shabbat**) and Israel and the festive seasons

כשחל יום טוב במוצאי שבת מוסיפים

בָּרוּךְ אַתָּה ה' אֱלֹהֵינוּ מֶלֶךְ הָעוֹלָם, בּוֹרֵא מְאוֹרֵי הָאֵשׁ.

בָּרוּךְ אַתָּה ה' אֱלֹהֵינוּ מֶלֶךְ הָעוֹלָם, הַמַּבְדִּיל בֵּין קֹדֶשׁ לְחוֹל. וּבֵין אוֹר לְחוֹשֶׁךְ. וּבֵין יִשְׂרָאֵל לָעַמִּים. וּבֵין יוֹם הַשְּׁבִיעִי לְשֵׁשֶׁת יְמֵי הַמַּעֲשֶׂה. בֵּין קְדֻשַּׁת שַׁבָּת לִקְדֻשַּׁת יוֹם טוֹב הִבְדַּלְתָּ. וְאֶת יוֹם הַשְּׁבִיעִי מִשֵּׁשֶׁת יְמֵי הַמַּעֲשֶׂה הִקְדַּשְׁתָּ וְהִבְדַּלְתָּ. וְהִקְדַּשְׁתָּ אֶת עַמְּךָ יִשְׂרָאֵל בִּקְדֻשָּׁתֶךָ. בָּרוּךְ אַתָּה ה' הַמַּבְדִּיל בֵּין קֹדֶשׁ לְקֹדֶשׁ.

When the festival falls on Saturday night add the following

Blessed are You, G-d, our G-d, King universe, who creates the of the lights of fire

Blessed are You, G-d, our G-d, King of the universe, who makes a distinction between sacred and profane, between light and darkness, between Israel and the nations, between the seventh day and the six work-days. You have made a distinction between the holiness of the Shabbat and the holiness of the festival, and You have sanctified the seventh day above the six work-days. You have set apart and made holy Your people Israel with Your holiness. Blessed are You, G-d, who makes a distinction between holy and holy

בָּרוּךְ אַתָּה ה' אֱלֹהֵינוּ מֶלֶךְ הָעוֹלָם, שֶׁהֶחֱיָנוּ וְקִיְּמָנוּ וְהִגִּיעָנוּ לַזְּמַן הַזֶּה:

ישתו כל המסובים בהסבת שמאל, כל או רוב היין שבכוס

Blessed are You, G-d, our G-d, King of the universe, who has granted us life, sustained us, and enabled us to reach this occasion

Drink the cup of wine while seated, reclining on the left side as a sign of freedom

Passover Haggadah   הגדה של פסח

ורחץ
Preliminary Hand Washing

יטול ידיו בשביל טבול הכרפס <u>ולא יברך על נטילת ידים</u>, כי כל דבר שטבולו באחד משבעה משקין צריך נטילה.

Wash hands without a blessing

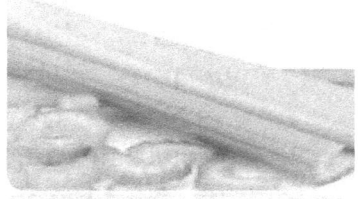

כרפס

Eating a Vegetable

Dip a vegetable in salt water and recite

Blessed are You, Adonai, our God, sovereign of the universe, creator of the fruit of the earth

יטבול את הכרפס במי מלח או חומץ ויברך

בָּרוּךְ אַתָּה ה', אֱלֹהֵינוּ מֶלֶךְ הָעוֹלָם, בּוֹרֵא פְּרִי הָאֲדָמָה

יחץ

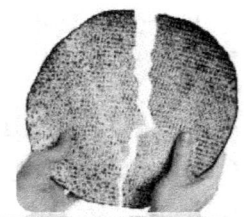

יקח מצה האמצעית ויחלקנה לשני חלקים, חלק אחד גדול <u>כצורת ו' ויצניענו לאפיקומן</u>, וחלק השני קטן כצורת ד' יניחנו בין שתי המצות

The middle matzah on the Seder plate is broken in two. The smaller part of the middle matzah is returned to the Seder plate. This broken middle matzah, remains visible as we tell the story of Exodus and will be eaten shortly thereafter. The larger piece is put aside for later use as the Afikoman.

מגיד

Discussing the Exodus

מגביהין את פרוסת המצה שבין שתי השלימות (החצי מצה) ואומרים שלוש פעמים:

הֵא לַחְמָא עַנְיָא. דִּי אֲכָלוּ אַבְהָתָנָא בְּאַרְעָא דְמִצְרָיִם. כָּל דִּכְפִין יֵיתֵי וְיֵיכוֹל. כָּל-דִּצְרִיךְ יֵיתֵי וְיִפְסַח. הַשַּׁתָּא הָכָא. לְשָׁנָה הַבָּאָה בְּאַרְעָא דְיִשְׂרָאֵל הַשַּׁתָּא הָכָא עַבְדֵי. לְשָׁנָה הַבָּאָה בְּאַרְעָא דְיִשְׂרָאֵל בְּנֵי חוֹרִין.

מוזגין כוס שני ומניחים לפני בעל הבית, ומסלקים את הקערה כאילו כבר אכלו, כדי שיראו התינוקות וישאלו. (לא שותים כוס זה בשלב זה)

Raise the tray with the matzot and speak

This is the bread of affliction that our fathers ate in the land of Egypt. Whoever is hungry, let him come and eat; whoever is in need, let him come and conduct the Seder of Passover. This year [we are] here; next year in the land of Israel. This year [we are] slaves; next year [we will be] free people

The tray with the matzot is moved aside, and the second cup ..is poured. (Do not drink it yet)

מַה נִּשְׁתַּנָּה הַלַּיְלָה הַזֶּה. מִכָּל-הַלֵּילוֹת.
שֶׁבְּכָל הַלֵּילוֹת. אֵין אֲנַחְנוּ מְטַבְּלִין אֲפִלּוּ פַּעַם אַחַת.
וְהַלַּיְלָה הַזֶּה שְׁתֵּי פְעָמִים:
שֶׁבְּכָל הַלֵּילוֹת. אֲנַחְנוּ אוֹכְלִין חָמֵץ וּמַצָּה. וְהַלַּיְלָה הַזֶּה כֻּלּוֹ מַצָּה:
שֶׁבְּכָל הַלֵּילוֹת אֲנַחְנוּ אוֹכְלִין שְׁאָר יְרָקוֹת. וְהַלַּיְלָה הַזֶּה מָרוֹר:
שֶׁבְּכָל הַלֵּילוֹת אֲנַחְנוּ אוֹכְלִין וְשׁוֹתִין בֵּין יוֹשְׁבִין וּבֵין מְסֻבִּין. וְהַלַּיְלָה הַזֶּה כֻּלָּנוּ מְסֻבִּין:

Now the child asks Mah Nishtana

What makes this night different from all [other] nights?

On all nights we need not dip even once, on this night we do so twice.
On all nights we eat chametz or matzah, and on this night only matzah.
On all nights we eat any kind of vegetables, and on this night maror.
On all nights we eat sitting upright or reclining, and on this night we all recline.

Passover Haggadah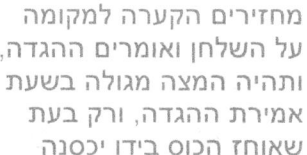

מחזירים הקערה למקומה על השלחן ואומרים ההגדה, ותהיה המצה מגולה בשעת אמירת ההגדה, ורק בעת שאוחז הכוס בידו יכסנה

The tray is restored to its place with the matzah partly uncovered. Now we say "We were slaves..."

עֲבָדִים הָיִינוּ לְפַרְעֹה בְּמִצְרָיִם. וַיּוֹצִיאֵנוּ ה' אֱלֹהֵינוּ מִשָּׁם. בְּיָד חֲזָקָה. וּבִזְרוֹעַ נְטוּיָה. וְאִלּוּ לֹא הוֹצִיא הַקָּדוֹשׁ בָּרוּךְ הוּא אֶת אֲבוֹתֵינוּ מִמִּצְרַיִם עֲדַיִן אֲנַחְנוּ וּבָנֵינוּ וּבְנֵי בָנֵינוּ. מְשֻׁעְבָּדִים הָיִינוּ לְפַרְעֹה בְּמִצְרָיִם. וַאֲפִלּוּ כֻּלָּנוּ חֲכָמִים. כֻּלָּנוּ נְבוֹנִים. כֻּלָּנוּ יוֹדְעִים אֶת הַתּוֹרָה. מִצְוָה עָלֵינוּ לְסַפֵּר בִּיצִיאַת מִצְרָיִם. וְכָל הַמַּרְבֶּה לְסַפֵּר בִּיצִיאַת מִצְרַיִם הֲרֵי זֶה מְשֻׁבָּח:

We were slaves to Pharaoh in Egypt, and the L-rd, our G-d, took us out from there with a strong hand and with an outstretched arm. If the Holy One, blessed be He, had not taken our fathers out of Egypt, then we, our children and our children's children would have remained enslaved to Pharaoh in Egypt. Even if all of us were wise, all of us understanding, all of us knowing the Torah, we would still be obligated to discuss the exodus from Egypt; and everyone who discusses the exodus from Egypt at length is praiseworthy

Passover Haggadah   הגדה של פסח

מַעֲשֶׂה בְּרַבִּי אֱלִיעֶזֶר. וְרַבִּי יְהוֹשֻׁעַ. וְרַבִּי אֶלְעָזָר בֶּן עֲזַרְיָה. וְרַבִּי עֲקִיבָא. וְרַבִּי טַרְפוֹן. שֶׁהָיוּ מְסֻבִּין בִּבְנֵי בְרַק. וְהָיוּ מְסַפְּרִים בִּיצִיאַת מִצְרַיִם כָּל- אוֹתוֹ הַלַּיְלָה. עַד שֶׁבָּאוּ תַלְמִידֵיהֶם וְאָמְרוּ לָהֶם. רַבּוֹתֵינוּ הִגִּיעַ זְמַן קְרִיאַת שְׁמַע שֶׁל שַׁחֲרִית:

It happened that Rabbi Eliezer, Rabbi Yehoshua, Rabbi Elazar ben Azaryah, Rabbi Akiva and Rabbi Tarphon were reclining [at a seder] in B'nei Berak. They were discussing the exodus from Egypt all that night, until their students came and told them: Our Masters! The time has come for reciting the morning Shema.

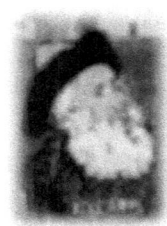

אָמַר רַבִּי אֶלְעָזָר בֶּן עֲזַרְיָה. הֲרֵי אֲנִי כְּבֶן שִׁבְעִים שָׁנָה. וְלֹא זָכִיתִי שֶׁתֵּאָמֵר יְצִיאַת מִצְרַיִם בַּלֵּילוֹת. עַד שֶׁדְּרָשָׁהּ בֶּן זוֹמָא שֶׁנֶּאֱמַר. לְמַעַן תִּזְכֹּר אֶת-יוֹם צֵאתְךָ מֵאֶרֶץ מִצְרַיִם כֹּל יְמֵי חַיֶּיךָ. יְמֵי חַיֶּיךָ הַיָּמִים. כֹּל יְמֵי חַיֶּיךָ הַלֵּילוֹת. וַחֲכָמִים אוֹמְרִים. יְמֵי חַיֶּיךָ הָעוֹלָם הַזֶּה. כֹּל יְמֵי חַיֶּיךָ. לְהָבִיא לִימוֹת הַמָּשִׁיחַ:

Passover Haggadah   הגדה של פסח

Rabbi Eleazar ben Azaryah said: "I am like a man of seventy years old, yet I did not succeed in proving that the exodus from Egypt must be mentioned at night-until Ben Zoma explained it: "It is said, `That you may remember the day you left Egypt all the days of your life;' now `the days of your life' refers to the days, [and the additional word] `all' indicates the inclusion of the nights

The sages, however, said: The days of your life refers to the present-day world; and all indicates the inclusion of the days of Mashiach

בָּרוּךְ הַמָּקוֹם בָּרוּךְ הוּא. בָּרוּךְ שֶׁנָּתַן תּוֹרָה לְעַמּוֹ יִשְׂרָאֵל. בָּרוּךְ הוּא. כְּנֶגֶד אַרְבָּעָה בָנִים דִּבְּרָה תוֹרָה. אֶחָד חָכָם. וְאֶחָד רָשָׁע. וְאֶחָד תָּם. וְאֶחָד שֶׁאֵינוֹ יוֹדֵעַ לִשְׁאֹל:

Blessed is the Omnipresent One, blessed be He! Blessed is He who gave the Torah to His people Israel, blessed be He! The Torah speaks of four children: One is wise, one is wicked, one is simple and one does not know how to ask.

חָכָם מָה הוּא אוֹמֵר. מַה הָעֵדוֹת וְהַחֻקִּים וְהַמִּשְׁפָּטִים אֲשֶׁר צִוָּה יְהֹוָה אֱלֹהֵינוּ אֶתְכֶם. אַף אַתָּה אֱמוֹר לוֹ כְּהִלְכוֹת הַפֶּסַח. אֵין מַפְטִירִין אַחַר הַפֶּסַח אֲפִיקוֹמָן:

The wise one, what does he say? "What are the testimonies, the statutes and the laws which the L-rd, our G-d, has commanded you?" You, in turn, shall instruct him in the laws of Passover, [up to] one is not to eat any dessert after the Passover-

רָשָׁע מָה הוּא אוֹמֵר. מָה הָעֲבוֹדָה הַזֹּאת לָכֶם. לָכֶם וְלֹא לוֹ. וּלְפִי שֶׁהוֹצִיא אֶת עַצְמוֹ מִן הַכְּלָל. כָּפַר בָּעִקָּר. אַף אַתָּה הַקְהֵה אֶת שִׁנָּיו וֶאֱמוֹר לוֹ. בַּעֲבוּר זֶה עָשָׂה יְהֹוָה לִי בְּצֵאתִי מִמִּצְרָיִם. לִי וְלֹא לוֹ. וְאִלּוּ הָיָה שָׁם לֹא הָיָה נִגְאָל:

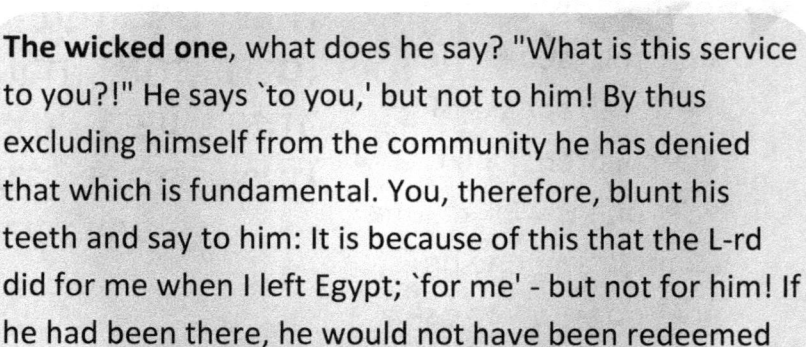

The wicked one, what does he say? "What is this service to you?!" He says `to you,' but not to him! By thus excluding himself from the community he has denied that which is fundamental. You, therefore, blunt his teeth and say to him: It is because of this that the L-rd did for me when I left Egypt; `for me' - but not for him! If he had been there, he would not have been redeemed

תָּם מָה הוּא אוֹמֵר. מַה-זֹּאת. וְאָמַרְתָּ אֵלָיו בְּחֹזֶק יָד הוֹצִיאָנוּ ה' מִמִּצְרַיִם מִבֵּית עֲבָדִים:

The simpleton, what does he say? "What is this?" Thus, you shall say to him: "With a strong hand the L-rd took us out of Egypt, from the house of slaves

וְשֶׁאֵינוֹ יוֹדֵעַ לִשְׁאֹל. אַתְּ פְּתַח לוֹ. שֶׁנֶּאֱמַר וְהִגַּדְתָּ לְבִנְךָ בַּיּוֹם הַהוּא לֵאמֹר. בַּעֲבוּר זֶה עָשָׂה ה' לִי בְּצֵאתִי מִמִּצְרַיִם.

As for the one who does not know how to ask, you must initiate him, as it is said: You shall tell your child on that day, It is because of this that the L-rd did for me when I left Egypt

Passover Haggadah — הגדה של פסח

יָכוֹל מֵרֹאשׁ חֹדֶשׁ? תַּלְמוּד לוֹמַר בַּיּוֹם הַהוּא. אִי בַּיּוֹם הַהוּא, יָכוֹל מִבְּעוֹד יוֹם? תַּלְמוּד לוֹמַר בַּעֲבוּר זֶה. בַּעֲבוּר זֶה לֹא אָמַרְתִּי אֶלָּא בְּשָׁעָה שֶׁמַּצָּה וּמָרוֹר מֻנָּחִים לְפָנֶיךָ:

> **As for the one** who does not know how to ask, you must initiate him, as it is said: You shall tell your child on that day It is because of this that the L-rd did for me when I left Egypt

מִתְּחִלָּה עוֹבְדֵי עֲבוֹדָה זָרָה הָיוּ אֲבוֹתֵינוּ. וְעַכְשָׁו קֵרְבָנוּ הַמָּקוֹם לַעֲבוֹדָתוֹ, שֶׁנֶּאֱמַר. וַיֹּאמֶר יְהוֹשֻׁעַ אֶל כָּל-הָעָם. כֹּה אָמַר ה' אֱלֹהֵי יִשְׂרָאֵל בְּעֵבֶר הַנָּהָר יָשְׁבוּ אֲבוֹתֵיכֶם מֵעוֹלָם. תֶּרַח אֲבִי אַבְרָהָם וַאֲבִי נָחוֹר. וַיַּעַבְדוּ אֱלֹהִים אֲחֵרִים:

> **In the beginning** our fathers served idols; but now the Omnipresent One has brought us close to His service, as it is said: "Joshua said to all the people: Thus said the L-rd, the G-d of Israel, `Your fathers used to live on the other side of the river - Terach, the father of Abraham and the father of Nachor, and they served other gods

וָאֶקַּח אֶת אֲבִיכֶם אֶת אַבְרָהָם מֵעֵבֶר הַנָּהָר. וָאוֹלֵךְ אוֹתוֹ בְּכָל-אֶרֶץ כְּנָעַן. וָאַרְבֶּה אֶת זַרְעוֹ וָאֶתֵּן-לוֹ אֶת יִצְחָק. וָאֶתֵּן לְיִצְחָק אֶת יַעֲקֹב וְאֶת עֵשָׂו. וָאֶתֵּן לְעֵשָׂו אֶת הַר שֵׂעִיר לָרֶשֶׁת אוֹתוֹ וְיַעֲקֹב וּבָנָיו יָרְדוּ מִצְרָיִם:

And I took your father Abraham from beyond the river, and I led him throughout the whole land of Canaan. I increased his seed and gave him Isaac, and to Isaac I gave Jacob and Esau. To Esau I gave Mount Seir to possess it, and Jacob and his sons went down to Egypt

בָּרוּךְ שׁוֹמֵר הַבְטָחָתוֹ לְיִשְׂרָאֵל בָּרוּךְ הוּא. שֶׁהַקָּדוֹשׁ בָּרוּךְ הוּא חִשַּׁב אֶת הַקֵּץ. לַעֲשׂוֹת כְּמוֹ שֶׁאָמַר לְאַבְרָהָם אָבִינוּ בִּבְרִית בֵּין הַבְּתָרִים שֶׁנֶּאֱמַר. וַיֹּאמֶר לְאַבְרָם יָדֹעַ תֵּדַע. כִּי גֵר יִהְיֶה זַרְעֲךָ בְּאֶרֶץ לֹא לָהֶם. וַעֲבָדוּם וְעִנּוּ אֹתָם אַרְבַּע מֵאוֹת שָׁנָה. וְגַם אֶת הַגּוֹי אֲשֶׁר יַעֲבֹדוּ דָּן אָנֹכִי. וְאַחֲרֵי כֵן יֵצְאוּ בִּרְכֻשׁ גָּדוֹל:

Blessed is He who keeps His promise to Israel, blessed be He For the Holy One, blessed be He, calculated the end [of the bondage], in order to do as He had said to our father Abraham at the "Covenant between the Portions," as it is said: "And He said to Abraham, `You shall know that your seed will be strangers in a land that is not theirs, and they will enslave them and make them suffer, for four hundred years. But I shall also judge the nation whom they shall serve, and after that they will come out with great wealth

Passover Haggadah — הגדה של פסח

יכסה את המצות ויאחז את הכוס בידו הימנית ויאמר:

וְהִיא שֶׁעָמְדָה לַאֲבוֹתֵינוּ וְלָנוּ. שֶׁלֹּא אֶחָד בִּלְבָד עָמַד עָלֵינוּ לְכַלּוֹתֵינוּ. אֶלָּא שֶׁבְּכָל-דּוֹר וָדוֹר עוֹמְדִים עָלֵינוּ לְכַלּוֹתֵינוּ. וְהַקָּדוֹשׁ-בָּרוּךְ הוּא מַצִּילֵנוּ מִיָּדָם:

> The wine cup is now raised and the Matzot are covered.
>
> **This** is what has stood by our fathers and us! For not just one alone has risen against us to destroy us, but in every generation, they rise against us to destroy us; and the Holy One, blessed be He, saves us from their hand.

יניח את כוס היין ויגלה את המצות:

צֵא וּלְמַד מַה בִּקֵּשׁ לָבָן הָאֲרַמִּי. לַעֲשׂוֹת לְיַעֲקֹב אָבִינוּ, שֶׁפַּרְעֹה לֹא גָזַר אֶלָּא עַל הַזְּכָרִים. וְלָבָן בִּקֵּשׁ לַעֲקוֹר אֶת הַכֹּל. שֶׁנֶּאֱמַר אֲרַמִּי אֹבֵד אָבִי. וַיֵּרֶד מִצְרַיְמָה וַיָּגָר שָׁם בִּמְתֵי מְעָט. וַיְהִי שָׁם לְגוֹי גָּדוֹל עָצוּם וָרָב:

> Put down the wine cup and uncover the Matzah
>
> **Go forth** and learn what Laban the Aramean wanted to do to our father Jacob. Pharaoh had issued a decree against the male children only, but Laban wanted to uproot everyone - as it is said: The Aramean wished to destroy my father; and he went down to Egypt and sojourned there, few in number; and he became there a nation - great and mighty and numerous

וַיֵּרֶד מִצְרַיְמָה. אָנוּס עַל פִּי הַדִּבּוּר. וַיָּגָר שָׁם. מְלַמֵּד שֶׁלֹּא יָרַד לְהִשְׁתַּקֵּעַ אֶלָּא לָגוּר שָׁם. שֶׁנֶּאֱמַר וַיֹּאמְרוּ אֶל פַּרְעֹה לָגוּר בָּאָרֶץ בָּאנוּ כִּי אֵין מִרְעֶה לַצֹּאן אֲשֶׁר לַעֲבָדֶיךָ. כִּי כָבֵד הָרָעָב בְּאֶרֶץ כְּנָעַן. וְעַתָּה יֵשְׁבוּ נָא עֲבָדֶיךָ בְּאֶרֶץ גֹּשֶׁן:

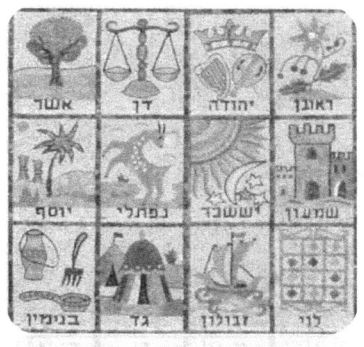

And he went down to Egypt forced by Divine decree. "And he sojourned there" - this teaches that our father Jacob did not go down to Egypt to settle, but only to live there temporarily. Thus it is said, "They said to Pharaoh, We have come to sojourn in the land, for there is no pasture for your servants' flocks because the hunger is severe in the land of Canaan; and now, please, let your servants dwell in the land

בִּמְתֵי מְעָט. כְּמוֹ שֶׁנֶּאֱמַר. בְּשִׁבְעִים נֶפֶשׁ יָרְדוּ אֲבוֹתֶיךָ מִצְרָיְמָה. וְעַתָּה שָׂמְךָ ה' אֱלֹהֶיךָ כְּכוֹכְבֵי הַשָּׁמַיִם לָרֹב:

Few in number as it is said: "Your fathers went down to Egypt with seventy persons, and now, the L-rd, your G-d, has made you as numerous as the stars of heaven

And they became a nation there This teaches that the Israelites were distinct there. Mighty As scripture relates: “And the Israelites were fruitful and swarmed and multiplied and became exceedingly mighty, and the land was filled with them

וַיְהִי שָׁם לְגוֹי גָּדוֹל. מְלַמֵּד שֶׁהָיוּ יִשְׂרָאֵל מְצֻיָּנִים שָׁם. לְגוֹי גָּדוֹל וְעָצוּם כְּמוֹ שֶׁנֶּאֱמַר. וּבְנֵי יִשְׂרָאֵל פָּרוּ וַיִּשְׁרְצוּ וַיִּרְבּוּ וַיַּעַצְמוּ בִּמְאֹד מְאֹד וַתִּמָּלֵא הָאָרֶץ אֹתָם:

וָרָב. כְּמוֹ שֶׁנֶּאֱמַר. רְבָבָה כְּצֶמַח הַשָּׂדֶה נְתַתִּיךְ. וַתִּרְבִּי וַתִּגְדְּלִי וַתָּבֹאִי בַּעֲדִי עֲדָיִים. שָׁדַיִם נָכֹנוּ וּשְׂעָרֵךְ צִמֵּחַ. וְאַתְּ עֵרֹם-וְעֶרְיָה. וָאֶעֱבוֹר עָלַיִךְ וָאֶרְאֵךְ מִתְבּוֹסֶסֶת בְּדָמָיִךְ. וָאוֹמַר לָךְ בְּדָמַיִךְ חֲיִי. וָאוֹמַר לָךְ בְּדָמַיִךְ חֲיִי:

And populous. As scripture relates: I made you abundant as the growth of the field, and you have become plentiful and grew and became very beautiful: beautiful of figure, and your hair grown long, yet you were naked and bare.

Passover Haggadah — הגדה של פסח

וַיָּרֵעוּ אֹתָנוּ הַמִּצְרִים וַיְעַנּוּנוּ. וַיִּתְּנוּ עָלֵינוּ עֲבוֹדָה קָשָׁה:

The Egyptians treated us harshly [or: vilified us] and afflicted us, and they set hard labor

וַיָּרֵעוּ אֹתָנוּ הַמִּצְרִים. כְּמוֹ שֶׁנֶּאֱמַר. הָבָה נִתְחַכְּמָה לוֹ פֶּן יִרְבֶּה. וְהָיָה כִּי תִקְרֶאנָה מִלְחָמָה וְנוֹסַף גַּם הוּא עַל שֹׂנְאֵינוּ. וְנִלְחַם בָּנוּ וְעָלָה מִן הָאָרֶץ:

The Egyptians vilified us: As scripture relates: [Pharaoh said,] Come, let us deal wisely with them, lest they multiply and join our enemies when war comes, and fight against us, and leave the land

And afflicted us: As scripture relates: "They placed taskmasters over them in order to afflict them with their burdens, and they built storage cities for Pharaoh, [called] Pithom and Ramses

וַיְעַנּוּנוּ כְּמוֹ שֶׁנֶּאֱמַר. וַיָּשִׂימוּ עָלָיו שָׂרֵי מִסִּים לְמַעַן עַנֹּתוֹ בְּסִבְלֹתָם. וַיִּבֶן עָרֵי מִסְכְּנוֹת לְפַרְעֹה אֶת פִּתֹם וְאֶת רַעַמְסֵס:

Passover Haggadah — הגדה של פסח

וַיִּתְּנוּ עָלֵינוּ עֲבוֹדָה קָשָׁה. כְּמוֹ שֶׁנֶּאֱמַר. וַיַּעֲבִדוּ מִצְרַיִם אֶת בְּנֵי יִשְׂרָאֵל בְּפָרֶךְ:

And they set hard labor upon us: As scripture relates: The Egyptians worked the Israelites severey.

וַנִּצְעַק אֶל ה' אֱלֹהֵי אֲבוֹתֵינוּ. וַיִּשְׁמַע ה' אֶת קֹלֵנוּ וַיַּרְא אֶת עָנְיֵנוּ וְאֶת עֲמָלֵנוּ וְאֶת לַחֲצֵנוּ:

We cried out to Adonai, God of our ancestors, and Adonai heard our voice and saw our suffering, our burden, and our oppression

וַנִּצְעַק אֶל ה' אֱלֹהֵי אֲבוֹתֵינוּ. כְּמוֹ שֶׁנֶּאֱמַר. וַיְהִי בַיָּמִים הָרַבִּים הָהֵם וַיָּמָת מֶלֶךְ מִצְרַיִם. וַיֵּאָנְחוּ בְנֵי יִשְׂרָאֵל מִן הָעֲבֹדָה וַיִּזְעָקוּ. וַתַּעַל שַׁוְעָתָם אֶל הָאֱלֹהִים מִן הָעֲבֹדָה:

We cried out to Adonai, God of our ancestors: As scripture relates: Eventually, the king of Egypt died, and the Israelites sighed from their labor and cried out, and their plea for rescue from their labor reached God

34

Passover Haggadah — הגדה של פסח

וַיִּשְׁמַע ה' אֶת קֹלֵנוּ. כְּמוֹ שֶׁנֶּאֱמַר. וַיִּשְׁמַע אֱלֹהִים אֶת נַאֲקָתָם. וַיִּזְכֹּר אֱלֹהִים אֶת בְּרִיתוֹ. אֶת אַבְרָהָם אֶת יִצְחָק וְאֶת יַעֲקֹב:

> **And** Adonai heard our voice: As scripture relates: And God heard their groaning, and God remembered His covenant with Abraham, Isaac, and Jacob

וַיַּרְא אֶת עָנְיֵנוּ זוֹ פְּרִישׁוּת דֶּרֶךְ אֶרֶץ כְּמוֹ שֶׁנֶּאֱמַר. וַיַּרְא אֱלֹהִים אֶת בְּנֵי יִשְׂרָאֵל וַיֵּדַע אֱלֹהִים:

> And saw our affliction: This refers to the separation of men and women, as scripture relates: God saw the Israelites, and God knew

וְאֶת עֲמָלֵנוּ. אֵלּוּ הַבָּנִים. כְּמוֹ שֶׁנֶּאֱמַר. וַיְצַו פַּרְעֹה לְכָל-עַמּוֹ לֵאמֹר. כָּל הַבֵּן הַיִּלּוֹד הַיְאֹרָה תַּשְׁלִיכֻהוּ. וְכָל הַבַּת תְּחַיּוּן:

> **Our burden**: This refers to the sons, as scripture relates: [Pharaoh said,] Cast every son who is born into the Nile, but let every daughter live

וְאֶת לַחֲצֵנוּ. זֶה הַדְּחַק. כְּמוֹ שֶׁנֶּאֱמַר. וְגַם רָאִיתִי אֶת הַלַּחַץ אֲשֶׁר מִצְרַיִם לוֹחֲצִים אֹתָם:

And our oppression: This refers to the persecution, as scripture relates: [God said:] I also saw the oppression with which the Egyptians oppressed them

וַיּוֹצִאֵנוּ ה' מִמִּצְרַיִם. בְּיָד חֲזָקָה וּבִזְרֹעַ נְטוּיָה וּבְמֹרָא גָּדוֹל. וּבְאֹתוֹת וּבְמֹפְתִים:

And Adonai brought us out of Egypt with a strong hand and an outstretched arm and with great fearsomeness, and with signs and wonders

וַיּוֹצִאֵנוּ ה' מִמִּצְרַיִם. לֹא עַל יְדֵי מַלְאָךְ. וְלֹא עַל יְדֵי שָׂרָף. וְלֹא עַל יְדֵי שָׁלִיחַ. אֶלָּא הַקָּדוֹשׁ בָּרוּךְ הוּא בִּכְבוֹדוֹ וּבְעַצְמוֹ. שֶׁנֶּאֱמַר. וְעָבַרְתִּי בְּאֶרֶץ מִצְרַיִם בַּלַּיְלָה הַזֶּה. וְהִכֵּיתִי כָּל בְּכוֹר בְּאֶרֶץ מִצְרַיִם מֵאָדָם וְעַד בְּהֵמָה. וּבְכָל אֱלֹהֵי מִצְרַיִם אֶעֱשֶׂה שְׁפָטִים. אֲנִי ה':

And Adonai brought us out of Egypt: Not by an angel and not by a messenger, but the blessed Holy One Himself, in His glory, as scripture relates: [God said,] I will pass through the land of Egypt tonight, and I will smite every firstborn in the land of Egypt, from man to beast. And I will execute judgment against all the gods of Egypt. I am Adonai

I will pass through the land of Egypt: I, and not an angel. and I will smite every firstborn. I, and not a fiery angel. And I will execute judgment against all the gods of Egypt. I, and not the messenger. I am Adonai. I am He, and no other

וְעָבַרְתִּי בְאֶרֶץ מִצְרַיִם. אֲנִי וְלֹא מַלְאָךְ. וְהִכֵּיתִי כָל בְּכוֹר. אֲנִי וְלֹא שָׂרָף. וּבְכָל אֱלֹהֵי מִצְרַיִם אֶעֱשֶׂה שְׁפָטִים אֲנִי וְלֹא שָׁלִיחַ. אֲנִי ה'. אֲנִי הוּא וְלֹא אַחֵר:

בְּיָד חֲזָקָה. זוֹ הַדֶּבֶר. כְּמוֹ שֶׁנֶּאֱמַר. הִנֵּה יַד ה' הוֹיָה בְמִקְנְךָ אֲשֶׁר בַּשָּׂדֶה. בַּסּוּסִים בַּחֲמוֹרִים בַּגְּמַלִּים בַּבָּקָר וּבַצֹּאן. דֶּבֶר כָּבֵד מְאֹד:

With a strong hand: This refers to the disease of livestock, as scripture relates: [Moses said to Pharaoh] Then the hand of Adonai will strike your livestock in the field the horses, the donkeys, the camels, the cattle, and the sheep with a very severe disease

Passover Haggadah — הגדה של פסח

וּבִזְרֹעַ נְטוּיָה. זוֹ הַחֶרֶב כְּמוֹ שֶׁנֶּאֱמַר. וְחַרְבּוֹ שְׁלוּפָה בְּיָדוֹ נְטוּיָה עַל יְרוּשָׁלָיִם:

And with an outstretched arm: This refers to the sword, as scripture relates: [When God was about to send a plague against Jerusalem, an angel stood between earth and heaven] and his sword was unsheathed in his hand, stretched out against Jerusalem

וּבְמֹרָא גָּדוֹל. זֶה גִּלּוּי שְׁכִינָה. כְּמוֹ שֶׁנֶּאֱמַר. אוֹ הֲנִסָּה אֱלֹהִים לָבוֹא לָקַחַת לוֹ גוֹי מִקֶּרֶב גּוֹי. בְּמַסֹּת בְּאֹתֹת וּבְמוֹפְתִים וּבְמִלְחָמָה. וּבְיָד חֲזָקָה וּבִזְרוֹעַ נְטוּיָה. וּבְמוֹרָאִים גְּדֹלִים. כְּכֹל אֲשֶׁר עָשָׂה לָכֶם ה' אֱלֹהֵיכֶם בְּמִצְרַיִם לְעֵינֶיךָ:

with great fearsomeness: This refers to the revelation of the divine presence, as scripture relates: Has any god endeavored to take a nation for himself from within the midst of another nation, with trials, with signs and wonders, with war, with a strong hand and an outstretched arm, and with displays of great fearsomeness, like all that Adonai, your God, did for you in Egypt before your eyes

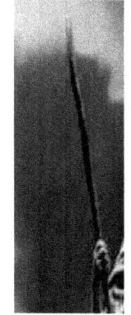

וּבְאֹתוֹת. זֶה הַמַּטֶּה. כְּמוֹ שֶׁנֶּאֱמַר. וְאֶת הַמַּטֶּה הַזֶּה תִּקַּח בְּיָדֶךָ. אֲשֶׁר תַּעֲשֶׂה בּוֹ אֶת הָאֹתֹת:

And with signs: This refers to [Moses] staff, as scripture relates: [God said to Moses] Take this staff, with which you shall perform the signs

יקח כידו כוס יין וישפוך בכלי שלש פעמים כשיאמר דם ואש ותמרות עשן,

As each the word **BLOOD, FIRE** and **SMOKE**, is said, a bit of wine is removed from the Cop, with the finger or by pouring to a broken cup.

וּבְמוֹפְתִים. זֶה הַדָּם. כְּמוֹ שֶׁנֶּאֱמַר. וְנָתַתִּי מוֹפְתִים בַּשָּׁמַיִם וּבָאָרֶץ:

And with wonders: This refers to the [plague of] blood, as scripture relates: I will put wonders in the heavens and the earth

BLOOD FIRE SMOKE

דָּם. וָאֵשׁ. וְתִמְרוֹת עָשָׁן

Passover Haggadah   הגדה של פסח

Another interpretation: "With a strong hand": Two [plagues]. "And with an outstretched arm": Two [plagues]. "And with great fearsomeness": Two [plagues]. "And with signs": Two [plagues]. "And with wonders: Two [plagues].

דָּבָר אַחֵר. בְּיָד חֲזָקָה שְׁתַּיִם. וּבִזְרוֹעַ נְטוּיָה שְׁתַּיִם. וּבְמוֹרָא גָּדוֹל שְׁתַּיִם. וּבְאֹתוֹת שְׁתַּיִם. וּבְמֹפְתִים שְׁתַּיִם:

These are the ten plagues that the blessed Holy One brought against the Egyptians in Egypt. And they are as follows:

אֵלּוּ עֶשֶׂר מַכּוֹת שֶׁהֵבִיא הַקָּדוֹשׁ בָּרוּךְ הוּא עַל הַמִּצְרִיִּים בְּמִצְרַיִם. וְאֵלּוּ הֵן.

As each the word is said, a bit of wine is removed from the Cop, with the finger, or by pouring to a broken cup. Total of 10 Drops

ייקח כידו כוס יין וישפוך בכלי מעט יין כשיאמר כל אחת מעשר המכות, ישפוך **לכלי שבור** - בכל מכה ישפוך מעט, ביחד 10 טיפות.

Passover Haggadah הגדה של פסח

Blood		דָּם	
Frogs		צְפַרְדֵּעַ	
Lice		כִּנִּים	
Disease of Livestock		דֶּבֶר 	
Wild beasts		עָרוֹב 	
Boils		שְׁחִין 	
Hail		בָּרָד 	

Passover Haggadah הגדה של פסח

אַרְבֶּה. Locusts

וְחֹשֶׁךְ: Darkness

מכת
בכורות

מַכַּת בְּכוֹרוֹת The death of the firstborn

רַבִּי יְהוּדָה הָיָה נוֹתֵן בָּהֶם סִימָנִים:

Rabbi Judah had an acronym for them:

דְּצַ"ךְ עֲדַ"שׁ בְּאַחַ"ב

DeTsaKh ADaSh BeAChaV

Passover Haggadah — הגדה של פסח

רַבִּי יוֹסֵי הַגְּלִילִי אוֹמֵר מִנַּיִן אַתָּה אוֹמֵר שֶׁלָּקוּ הַמִּצְרִיִּים בְּמִצְרַיִם עֶשֶׂר מַכּוֹת. וְעַל הַיָּם לָקוּ חֲמִשִּׁים מַכּוֹת. בְּמִצְרַיִם מַה הוּא אוֹמֵר. וַיֹּאמְרוּ הַחַרְטֻמִּים אֶל פַּרְעֹה אֶצְבַּע אֱלֹהִים הִיא. וְעַל הַיָּם מַה הוּא אוֹמֵר. וַיַּרְא יִשְׂרָאֵל אֶת הַיָּד הַגְּדֹלָה אֲשֶׁר עָשָׂה ה' בְּמִצְרַיִם וַיִּירְאוּ הָעָם אֶת ה' וַיַּאֲמִינוּ בַּה' וּבְמֹשֶׁה עַבְדּוֹ:

Rabbi Yose the Galilean said: How do we know that the Egyptians were afflicted by ten plagues in Egypt and by fifty plagues at the sea? With regard to Egypt, scripture says: "The magicians said to Pharaoh, 'This is the finger of God". And with regard to the sea it says: "And Israel saw the great hand of Adonai's deeds in Egypt, and the people feared Adonai, and they had faith in Adonai and in His servant Moses".

כַּמָּה לָקוּ בְּאֶצְבַּע עֶשֶׂר מַכּוֹת. אֱמוֹר מֵעַתָּה בְּמִצְרַיִם לָקוּ עֶשֶׂר מַכּוֹת. וְעַל הַיָּם לָקוּ חֲמִשִּׁים מַכּוֹת:

If with one finger they were afflicted with ten plagues, then in Egypt they were afflicted with ten plagues and at the sea they were afflicted with fifty plagues

רַבִּי אֱלִיעֶזֶר אוֹמֵר. מִנַּיִן שֶׁכָּל מַכָּה וּמַכָּה שֶׁהֵבִיא הַקָּדוֹשׁ בָּרוּךְ הוּא עַל הַמִּצְרִיִּים הָיְתָה שֶׁל אַרְבַּע מַכּוֹת. שֶׁנֶּאֱמַר יְשַׁלַּח בָּם חֲרוֹן אַפּוֹ. עֶבְרָה וָזַעַם וְצָרָה. מִשְׁלַחַת מַלְאֲכֵי רָעִים. עֶבְרָה אַחַת. וָזַעַם שְׁתַּיִם. וְצָרָה שָׁלֹשׁ. מִשְׁלַחַת מַלְאֲכֵי רָעִים אַרְבַּע. אֱמוֹר מֵעַתָּה בְּמִצְרַיִם לָקוּ אַרְבָּעִים מַכּוֹת. וְעַל הַיָּם לָקוּ מָאתַיִם מַכּוֹת:

Rabbi Eliezer said: How do we know that each and every plague that the blessed Holy One brought against the Egyptians in Egypt consisted of four plagues? Scripture says: "He sent against them His burning anger, wrath, fury, distress, and messengers of evil". Wrath: One [plague]. "Fury": Two [plagues]. "Distress": Three [plagues]. "Messengers of evil": Four [plagues]. Thus, in Egypt they were afflicted with forty plagues, and on the sea, they were afflicted with two hundred plagues

Passover Haggadah   הגדה של פסח

רַבִּי עֲקִיבָא אוֹמֵר. מִנַּיִן שֶׁכָּל מַכָּה וּמַכָּה שֶׁהֵבִיא הַקָּדוֹשׁ בָּרוּךְ הוּא עַל הַמִּצְרִיִּים בְּמִצְרַיִם הָיְתָה שֶׁל חָמֵשׁ מַכּוֹת. שֶׁנֶּאֱמַר יְשַׁלַּח בָּם חֲרוֹן אַפּוֹ. עֶבְרָה וָזַעַם וְצָרָה. מִשְׁלַחַת מַלְאֲכֵי רָעִים. חֲרוֹן אַפּוֹ אַחַת. עֶבְרָה שְׁתַּיִם. וָזַעַם שָׁלֹשׁ. וְצָרָה אַרְבַּע. מִשְׁלַחַת מַלְאֲכֵי רָעִים חָמֵשׁ. אֱמוֹר מֵעַתָּה בְּמִצְרַיִם לָקוּ חֲמִשִּׁים מַכּוֹת. וְעַל הַיָּם לָקוּ מָאתַיִם וַחֲמִשִּׁים מַכּוֹת:

Rabbi Akiva said: How do we know that each and every plague that the blessed Holy One brought against the Egyptians in Egypt consisted of five plagues? Scripture says: "He sent against them His burning anger, wrath, fury, distress, and messengers of evil". "His burning anger": One plague. "Wrath": Two [plagues]. "Fury": Three [plagues]. "Distress": Four [plagues]. "Messengers of evil": Five [plagues]. Thus, in Egypt they were afflicted with fifty plagues, and at the sea they were afflicted with two hundred fifty plagues.

כַּמָּה מַעֲלוֹת טוֹבוֹת לַמָּקוֹם עָלֵינוּ:

What favor the Omnipresent has shown us.

אִלּוּ הוֹצִיאָנוּ מִמִּצְרַיִם וְלֹא עָשָׂה בָהֶם שְׁפָטִים, דַּיֵּנוּ:

If He had brought us out of Egypt, but had not executed judgments against [the Egyptians] it would have been enough for us.

אִלּוּ עָשָׂה בָהֶם שְׁפָטִים. וְלֹא עָשָׂה בֵאלֹהֵיהֶם, דַּיֵּנוּ:

If He had executed judgments against [the Egyptians] but had not acted against their gods, it would have been enough for us.

אִלּוּ עָשָׂה בֵאלֹהֵיהֶם. וְלֹא הָרַג בְּכוֹרֵיהֶם, דַּיֵּנוּ:

If He had acted against their gods, but had not killed their firstborn, it would have been enough for us.

אִלּוּ הָרַג בְּכוֹרֵיהֶם וְלֹא נָתַן לָנוּ אֶת מָמוֹנָם, דַּיֵּנוּ:

If He had killed their firstborn, but had not given us their wealth, it would have been enough for us.

אִלּוּ נָתַן לָנוּ אֶת מָמוֹנָם. וְלֹא קָרַע לָנוּ אֶת הַיָּם, דַּיֵּנוּ:

If He had given us their wealth, but had not split the sea for us, it would have been enough for us.

אִלּוּ קָרַע לָנוּ אֶת הַיָּם. וְלֹא הֶעֱבִירָנוּ בְתוֹכוֹ בֶּחָרָבָה, דַּיֵּנוּ:

If He had split the sea for us, but had not brought us through it on dry land, it would have been enough for us.

Passover Haggadah   הגדה של פסח

אִלּוּ הֶעֱבִירָנוּ בְתוֹכוֹ בֶּחָרָבָה. וְלֹא שִׁקַּע צָרֵינוּ בְּתוֹכוֹ, דַּיֵּנוּ:

If He had brought us through it on dry land, but had not drowned our oppressors within it, it would have been enough for us.

אִלּוּ שִׁקַּע צָרֵינוּ בְּתוֹכוֹ. וְלֹא סִפֵּק צָרְכֵּנוּ בַּמִּדְבָּר אַרְבָּעִים שָׁנָה, דַּיֵּנוּ:

If He had drowned our oppressors within it, but had not satisfied our needs in the wilderness for forty years, it would have been enough for us.

אִלּוּ סִפֵּק צָרְכֵּנוּ בַּמִּדְבָּר אַרְבָּעִים שָׁנָה. וְלֹא הֶאֱכִילָנוּ אֶת הַמָּן, דַּיֵּנוּ:

If He had satisfied our needs in the wilderness for forty years, but had not fed us the manna, it would have been enough for us.

אִלּוּ הֶאֱכִילָנוּ אֶת הַמָּן. וְלֹא נָתַן לָנוּ אֶת הַשַּׁבָּת, דַּיֵּנוּ:

If He had fed us the manna, but had not given us the Sabbath, it would have been enough for us.

אִלּוּ נָתַן לָנוּ אֶת הַשַּׁבָּת. וְלֹא קֵרְבָנוּ לִפְנֵי הַר סִינַי, דַּיֵּנוּ:

If He had given us the Sabbath, but had not brought us before Mount Sinai, it would have been enough for us.

אִלּוּ קֵרְבָנוּ לִפְנֵי הַר סִינַי. וְלֹא נָתַן לָנוּ אֶת הַתּוֹרָה, דַּיֵּנוּ:

If He had brought us before Mount Sinai, but had not given us the Torah, it would have been enough for us.

אִלּוּ נָתַן לָנוּ אֶת הַתּוֹרָה. וְלֹא הִכְנִיסָנוּ לְאֶרֶץ יִשְׂרָאֵל, דַּיֵּנוּ:

If He had given us the Torah, but had not brought us into the land of Israel, it would have been enough for us.

אִלּוּ הִכְנִיסָנוּ לְאֶרֶץ יִשְׂרָאֵל. וְלֹא בָנָה לָנוּ אֶת בֵּית הַמִּקְדָּשׁ, דַּיֵּנוּ:

If He had brought us into the land of Israel, but had not built the temple for us, it would have been enough for us.

עַל אַחַת כַּמָּה וְכַמָּה טוֹבָה כְּפוּלָה וּמְכֻפֶּלֶת לַמָּקוֹם עָלֵינוּ. הוֹצִיאָנוּ מִמִּצְרַיִם. עָשָׂה בָהֶם שְׁפָטִים. עָשָׂה בֵאלֹהֵיהֶם. הָרַג בְּכוֹרֵיהֶם. נָתַן לָנוּ אֶת מָמוֹנָם. קָרַע לָנוּ אֶת הַיָּם. הֶעֱבִירָנוּ בְתוֹכוֹ בֶּחָרָבָה. שִׁקַּע צָרֵינוּ בְּתוֹכוֹ. סִפֵּק צָרְכֵנוּ בַּמִּדְבָּר אַרְבָּעִים שָׁנָה. הֶאֱכִילָנוּ אֶת הַמָּן. נָתַן לָנוּ אֶת הַשַּׁבָּת. קֵרְבָנוּ לִפְנֵי הַר סִינַי. נָתַן לָנוּ

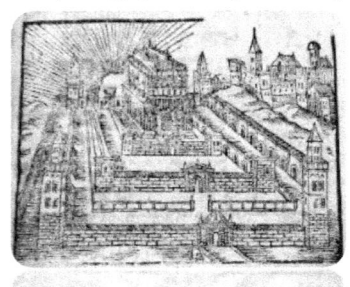

אֶת הַתּוֹרָה. הִכְנִיסָנוּ לְאֶרֶץ יִשְׂרָאֵל. וּבָנָה לָנוּ אֶת בֵּית הַבְּחִירָה לְכַפֵּר עַל כָּל עֲוֹנוֹתֵינוּ:

What abundant, manifold goodness the Omnipresent has shown us. He brought us out of Egypt, and executed judgments against [the Egyptians], and acted against their gods, and killed their firstborn, and gave us their wealth, and split the sea for us, and brought us through it on dry land, and drowned our enemies within it, and satisfied our needs in the desert for forty years, and fed us the manna, and gave us the Sabbath, and brought us before Mount Sinai, and gave us the Torah, and brought us into the land of Israel, and built the temple for us to atone for all our transgressions.

רַבָּן גַּמְלִיאֵל הָיָה אוֹמֵר. כָּל מִי שֶׁלֹּא אָמַר שְׁלֹשָׁה דְבָרִים אֵלּוּ בַּפֶּסַח לֹא יָצָא יְדֵי חוֹבָתוֹ. וְאֵלּוּ הֵן:

Rabban Gamliel would say: Anyone who does not mention these three things on Passover does not fulfill his obligation: the Passover offering, the matzah, and the

We all will RECITE together: כל המסובים יאמרו ביחד:

פֶּסַח	מַצָּה	וּמָרוֹר
PESACH	MATZAH	MAROR

As you recite this section, you look at the bone on the seder plate.

כשיאמר "פסח" יסתכל בזרוע אבל לא יאחזנו בידו ויאמר:

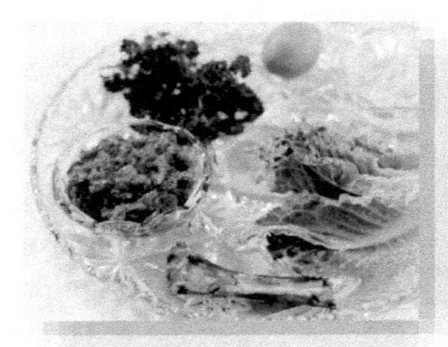

פֶּסַח שֶׁהָיוּ אֲבוֹתֵינוּ אוֹכְלִים בִּזְמַן שֶׁבֵּית הַמִּקְדָּשׁ קַיָּם, עַל שׁוּם מָה. עַל שׁוּם שֶׁפָּסַח הַקָּדוֹשׁ בָּרוּךְ הוּא עַל בָּתֵּי אֲבוֹתֵינוּ בְּמִצְרַיִם שֶׁנֶּאֱמַר. וַאֲמַרְתֶּם זֶבַח פֶּסַח הוּא לַה'. אֲשֶׁר פָּסַח עַל בָּתֵּי בְּנֵי יִשְׂרָאֵל בְּמִצְרַיִם בְּנָגְפּוֹ אֶת מִצְרַיִם. וְאֶת בָּתֵּינוּ הִצִּיל. וַיִּקֹּד הָעָם וַיִּשְׁתַּחֲווּ:

The Passover offering that our ancestors ate at the time that temple stood what does it represent. It recalls how the blessed Holy One passed over the houses of our ancestors in Egypt, as scripture relates: You shall say. This is a Passover sacrifice to Adonai, who passed over the houses of the Israelites in Egypt when He smote Egypt and spared our houses. And the people bowed low:

יגביה את המצה העליונה ויאמר "מצה זו":

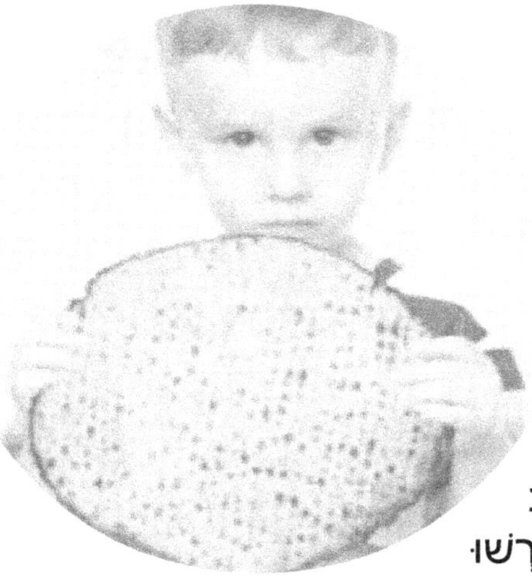

מַצָּה זוֹ שֶׁאֲנַחְנוּ אוֹכְלִים עַל שׁוּם מָה. עַל שׁוּם שֶׁלֹּא הִסְפִּיק בְּצֵקָם שֶׁל אֲבוֹתֵינוּ לְהַחְמִיץ. עַד שֶׁנִּגְלָה עֲלֵיהֶם מֶלֶךְ מַלְכֵי הַמְּלָכִים הַקָּדוֹשׁ בָּרוּךְ הוּא וּגְאָלָם מִיָּד. שֶׁנֶּאֱמַר. וַיֹּאפוּ אֶת הַבָּצֵק אֲשֶׁר הוֹצִיאוּ מִמִּצְרַיִם עֻגֹת מַצּוֹת כִּי לֹא חָמֵץ. כִּי גֹרְשׁוּ מִמִּצְרַיִם. וְלֹא יָכְלוּ לְהִתְמַהְמֵהַּ. וְגַם צֵדָה לֹא עָשׂוּ לָהֶם:

Pick Up the MATZAH And Speak

The matzah that we eat, what does it represent. It recalls that our ancestor's dough did not have time to rise before sovereign of sovereigns, the blessed Holy One was revealed to them and redeemed them. As scripture relates: They baked the dough that they brought out of Egypt into loaves of matzah because it did not rise, because they were thrown out of Egypt and they were not able to wait. neither did they prepare provisions for themselves.

יאחז המרור בידו ויאמר - מרור זה:

מָרוֹר זֶה שֶׁאֲנַחְנוּ אוֹכְלִים עַל שׁוּם מָה. עַל שׁוּם
שֶׁמֵּרְרוּ הַמִּצְרִיִּים אֶת חַיֵּי
אֲבוֹתֵינוּ בְּמִצְרַיִם.
שֶׁנֶּאֱמַר. וַיְמָרְרוּ אֶת
חַיֵּיהֶם בַּעֲבֹדָה
קָשָׁה. בְּחֹמֶר
וּבִלְבֵנִים וּבְכָל
עֲבֹדָה בַּשָּׂדֶה.
אֶת כָּל עֲבֹדָתָם
אֲשֶׁר עָבְדוּ בָהֶם
בְּפָרֶךְ:

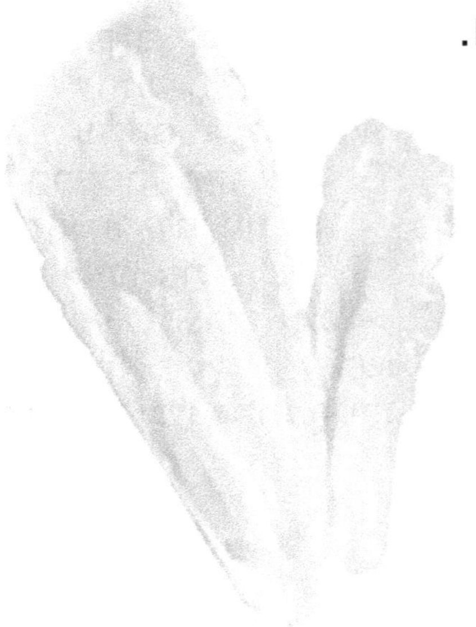

Pick Up the MAROR And Say:

The bitter herbs that we eat, what do they represent. They recall how the Egyptians embittered the lives of our ancestors in Egypt, as scripture relates: And the Egyptians embittered their lives with hard labor in mortar and bricks, and with all sorts of labor in the field, all their labor that they set upon them was brutal.

בְּכָל דּוֹר וָדוֹר חַיָּב אָדָם לְהַרְאוֹת אֶת עַצְמוֹ
כְּאִלּוּ הוּא

יָצָא
מִמִּצְרַיִם.
שֶׁנֶּאֱמַר.
וְהִגַּדְתָּ
לְבִנְךָ בַּיּוֹם הַהוּא לֵאמֹר. בַּעֲבוּר זֶה עָשָׂה ה'
לִי בְּצֵאתִי מִמִּצְרָיִם. שֶׁלֹּא אֶת אֲבוֹתֵינוּ בִּלְבַד
גָּאַל הַקָּדוֹשׁ בָּרוּךְ הוּא. אֶלָּא אַף אוֹתָנוּ גָּאַל
עִמָּהֶם. שֶׁנֶּאֱמַר. וְאוֹתָנוּ הוֹצִיא מִשָּׁם. לְמַעַן
הָבִיא אוֹתָנוּ. לָתֶת לָנוּ אֶת הָאָרֶץ אֲשֶׁר נִשְׁבַּע
לַאֲבוֹתֵינוּ:

In every generation one must view oneself as though one had personally left Egypt, as scripture instructs: And you shall say to your child on that day. This is because of what the Lord did for me when I left Egypt. It was not only our ancestors that the blessed Holy One redeemed. Rather, even we were redeemed with them, as scripture says: And He brought us out of there in order to bring us to and give us the land that He promised our ancestors.

Passover Haggadah — הגדה של פסח

Cover the Matzah and raise up the cup of wine and say Halleluyah up till drinking the wine.

יכסה את המצה ולוקח את הכוס בידו עד גאל ישראל ויאמר:

לְפִיכָךְ אֲנַחְנוּ חַיָּבִים. לְהוֹדוֹת. לְהַלֵּל. לְשַׁבֵּחַ. לְפָאֵר. לְרוֹמֵם. לְהַדֵּר וּלְקַלֵּס. לְמִי שֶׁעָשָׂה לַאֲבוֹתֵינוּ וְלָנוּ אֶת כָּל הַנִּסִּים הָאֵלּוּ הוֹצִיאָנוּ מֵעַבְדוּת לְחֵרוּת. וּמִשִּׁעְבּוּד לִגְאֻלָּה. וּמִיָּגוֹן לְשִׂמְחָה. וּמֵאֵבֶל לְיוֹם טוֹב וּמֵאֲפֵלָה לְאוֹר גָּדוֹל וְנֹאמַר לְפָנָיו הַלְלוּיָהּ:

Therefore, we are obligated to thank, praise, extol, honor, exalt, glorify, bless, laud, and worship the One who performed all these miracles for our ancestors and for us. He brought us out of slavery to freedom, from anguish to joy, from mourning to festivity, from darkness to great light, and from subjugation to redemption. We shall therefore sing before Him (some add: a new song). Halleluyah.

הַלְלוּיָהּ הַלְלוּ עַבְדֵי ה' הַלְלוּ אֶת שֵׁם ה': יְהִי שֵׁם ה' מְבֹרָךְ. מֵעַתָּה וְעַד עוֹלָם: מִמִּזְרַח שֶׁמֶשׁ עַד מְבוֹאוֹ. מְהֻלָּל שֵׁם ה': רָם עַל כָּל גּוֹיִם ה'. עַל הַשָּׁמַיִם כְּבוֹדוֹ: מִי כַּה' אֱלֹהֵינוּ. הַמַּגְבִּיהִי לָשָׁבֶת: הַמַּשְׁפִּילִי לִרְאוֹת. בַּשָּׁמַיִם וּבָאָרֶץ: מְקִימִי מֵעָפָר דָּל. מֵאַשְׁפֹּת יָרִים אֶבְיוֹן: לְהוֹשִׁיבִי עִם נְדִיבִים. עִם נְדִיבֵי עַמּוֹ: מוֹשִׁיבִי עֲקֶרֶת הַבַּיִת אֵם־הַבָּנִים שְׂמֵחָה הַלְלוּיָהּ:

Praise Yah, Praise, servants of Adonai Praise the name of Adonai, May the name of Adonai be blessed forever and ever. From the rising of the sun to its setting the name of Adonai is praised. Adonai is exalted above all the nations. His glory is over the heavens. Who is like Adonai, our God, enthroned on high, who humbles Himself to see. The heavens and the earth. He raises the poor from the dust, lifting the destitute out of the refuse, to seat them among nobles, among the nobles of (His) people. He makes the barren woman of the house the happy mother of children. Praise Yah.

בְּצֵאת יִשְׂרָאֵל מִמִּצְרָיִם. בֵּית יַעֲקֹב מֵעַם לוֹעֵז: הָיְתָה יְהוּדָה לְקָדְשׁוֹ יִשְׂרָאֵל מַמְשְׁלוֹתָיו: הַיָּם רָאָה וַיָּנֹס הַיַּרְדֵּן יִסֹּב לְאָחוֹר: הֶהָרִים רָקְדוּ כְאֵילִים. גְּבָעוֹת כִּבְנֵי צֹאן: מַה לְּךָ הַיָּם כִּי תָנוּס הַיַּרְדֵּן תִּסֹּב לְאָחוֹר: הֶהָרִים תִּרְקְדוּ כְאֵלִים. גְּבָעוֹת כִּבְנֵי צֹאן: מִלִּפְנֵי אָדוֹן חוּלִי אָרֶץ. מִלִּפְנֵי אֱלוֹהַּ יַעֲקֹב: הַהֹפְכִי הַצּוּר אֲגַם מָיִם. חַלָּמִישׁ לְמַעְיְנוֹ מָיִם:

When Israel left Egypt, the house of Jacob from a foreign land, Judah became His holy one, Israel His dominion, The sea saw and fled. the Jordan turned back.

The mountains danced like rams, the hills like lambs. Why is it, Sea, that you flee, Jordan, that you turn back, Mountains, that you dance like rams, Hills, like lambs, It is from before the Lord that the land writhes, before the God of Jacob. He turns the rock into a pool of water, flint into a spring of water.

בָּרוּךְ אַתָּה ה' אֱלֹהֵינוּ מֶלֶךְ הָעוֹלָם, אֲשֶׁר גְּאָלָנוּ וְגָאַל אֶת אֲבוֹתֵינוּ מִמִּצְרַיִם. וְהִגִּיעָנוּ הַלַּיְלָה הַזֶּה. לֶאֱכֹל בּוֹ מַצָּה וּמָרוֹר. כֵּן ה' אֱלֹהֵינוּ וֵאלֹהֵי אֲבוֹתֵינוּ הַגִּיעֵנוּ לְמוֹעֲדִים וְלִרְגָלִים אֲחֵרִים הַבָּאִים לִקְרָאתֵנוּ

Blessed are You, Adonai, our God, sovereign of the universe, who redeemed us and redeemed our ancestors from Egypt, and brought us to this night on which to eat matzah and bitter herbs. Likewise, may Adonai, our God and God of our ancestors, bring us to other holidays and festivals that await us in peace, with happiness at the building of Your city and joy in Your service. There may we eat of the sacrifices and of the Passover offerings, and may their blood reach the walls of Your altar with Your favor. Then we will sing to You a new song about our redemption and the rescue of our lives.

Blessed are You, Adonai, redeemer of Israel.

לְשָׁלוֹם. שְׂמֵחִים בְּבִנְיַן עִירָךְ. וְשָׂשִׂים בַּעֲבוֹדָתָךְ. וְנֹאכַל שָׁם מִן הַזְּבָחִים וּמִן הַפְּסָחִים אֲשֶׁר יַגִּיעַ דָּמָם עַל קִיר מִזְבַּחֲךָ לְרָצוֹן. וְנוֹדֶה לְךָ שִׁיר חָדָשׁ עַל גְּאֻלָּתֵנוּ וְעַל פְּדוּת נַפְשֵׁנוּ.

בָּרוּךְ אַתָּה ה' גָּאַל יִשְׂרָאֵל:

שותים כוס השני בהסבה.

הספרדים לא מברכים על כוס זה בורא פרי הגפן, והאשכנזים כן מברכים.

בָּרוּךְ אַתָּה ה', אֱלֹהֵינוּ מֶלֶךְ הָעוֹלָם, בּוֹרֵא פְּרִי הַגֶּפֶן.

Drink the second cup of wine while leaning to the left.

Blessed are You, Adonai, our God, sovereign of the universe, creator of the fruit of the vine.

Passover Haggadah   הגדה של פסח

רחצה
Washing Hands before the Meal

ייטול את ידיו בנטילת ידיים, לאכילת מצה כמו שנוטלים ידים לפת, ויברך:

בָּרוּךְ אַתָּה ה' אֱלֹהֵינוּ מֶלֶךְ הָעוֹלָם, אֲשֶׁר קִדְּשָׁנוּ בְּמִצְוֹתָיו, וְצִוָּנוּ עַל נְטִילַת יָדָיִם:

Wash hands and recite the following blessing.

Blessed are You, Adonai, our God, sovereign of the universe, who sanctified us with Your commandments and commanded us regarding hand washing.

אחר נטילת ידים ושפשוף, יגביה ידיו עד כנגד ראשו ......וכאשר יגביה ידיו עד כנגד ראשו אז תכף ומיד יברך על נטילת ידים, כדי שלא תהיה הגבהת ידיו לבטלה, כנזכר בזוהר הקדוש (בלק דף קצח ע"ב) שאסור להגביה ידיו בריקנייא, ואחר ברכת על נטילת ידים בעוד ידיו זקופים יפשוט ידיו לקבל שפע וברכה.... יברך על נטילת ידים אחר הנטילה קודם הניגוב...ינגב ידיו היטב קודם שיבצע, שהאוכל בלא ניגוב ידים כאלו אוכל לחם טמא....ולא ינגב ידיו בחלוקו דקשה לשכחה.

מוציא
Motzi

אחרי נטילת ידיים, ייקח שלשת המצות בידו, כסדר שהניחם, הפרוסה בין שתי השלמות, ויברך:

בָּרוּךְ אַתָּה ה', אֱלֹהֵינוּ מֶלֶךְ הָעוֹלָם, הַמּוֹצִיא לֶחֶם מִן הָאָרֶץ:

Eating the Matzah

Take the three matzot, holding the broken one between the two whole ones, and hold them while reciting the following two blessings. Have in mind that the hamotzi blessing refers to the top matzah and the "al achilat matzah" blessing refers to the broken one. After reciting the two blessings, take a "kezayit"-sized piece of the top matzah and a "kezayit"-sized piece of the middle matzah, dip them in salt, and eat both pieces together. If you can't fit both in your mouth, eat the one from the top matzah first and the one from the broken matzah second.

Blessed are You, Adonai, our God, sovereign of the universe, who brings bread from the earth.

Passover Haggadah — הגדה של פסח

יניח המצה התחתונה מידו, ויישארו בידו העליונה והפרוסה, ויברך:

מצה
Eating the Matzah

בָּרוּךְ אַתָּה ה', אֱלֹהֵינוּ מֶלֶךְ הָעוֹלָם, אֲשֶׁר קִדְּשָׁנוּ בְּמִצְוֹתָיו, וְצִוָּנוּ עַל אֲכִילַת מַצָּה:

יבצע שתי כזיתות (28 גרם כל אחת) משתיהן יחד, ויטבלם במלח, ויאכלם בהסבה ויזהר שלא ידבר בדברים חיצונים בין אכילת מצה לאכילת הכורך.

Blessed are You, Adonai, our God, sovereign of the universe, who sanctified us with Your commandments and commanded us regarding the eating of matzah.

מרור
Eating the Bitter Herb

ייקח כזית (28 גרם) מרור ויטבל אותו בחרוסת, וינער מעט מהחרוסת שעליו כדי שישאר בו קצת מרירות. ויברך:

Take a kezayit sized portion of bitter herb, roll it around some charoset, and recite the following blessing. Eat the bitter herbs without leaning to the left.

בָּרוּךְ אַתָּה ה' אֱלֹהֵינוּ מֶלֶךְ הָעוֹלָם, אֲשֶׁר קִדְּשָׁנוּ בְּמִצְוֹתָיו, וְצִוָּנוּ עַל אֲכִילַת מָרוֹר: ויאכלנו בלי הסבה.

Blessed are You, Adonai, our God, sovereign of the universe, who sanctified us with Your commandments and commanded us regarding the eating of bitter herbs.

כורך

ייקח מצה השלישית ויבצע ממנה כזית (28 גרם), וייקח כזית מרור (28 גרם) ויכרוך שניהם יחד ויטבילם בחרוסת ויאמר:

מַצָּה וּמָרוֹר בְּלֹא בְרָכָה. זֵכֶר לַמִּקְדָּשׁ. בְּיָמֵינוּ יְחֻדַּשׁ. כְּהִלֵּל הַזָּקֵן שֶׁהָיָה כּוֹרְכָן וְאוֹכְלָן בְּבַת אַחַת. לְקַיֵּם מַה שֶּׁנֶּאֱמַר עַל מַצּוֹת וּמְרוֹרִים יֹאכְלוּהוּ:

Eating the Hillel Sandwich

Take a kezayit-sized portion of the third (bottom) matzah and a kezayit-sized portion of chazeret and make a sandwich. Eat the sandwich while leaning to the left after reciting the following.

In memory of the temple, in accordance with the custom of Hillel: This is what Hillel used to do when the temple stood: He would make a sandwich of the Passover sacrifice, the matzah, and the bitter herbs and eat them together in order to fulfill literally that which is written in scripture: They shall eat [the Passover offering] with matzah and maror.

שולחן עורך

Shulchan Orech - Eating the Festival Meal

יאכל סעודתו בשמחה, ולא ישבע הרבה כדי שיוכל לאכול אפיקומן בתאבון.

The meal is part of the Seder, it should be eaten with joy and respect that should accompany doing a mitzvah. One should be careful not to over eat, so that he will have an appetite for the Afikoman.

יאכל ביצה, וקודם שיאכלה יאמר:

זֵכֶר לְקָרְבַּן חֲגִיגָה.

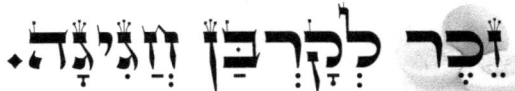

צפון

Eating the Afikoman

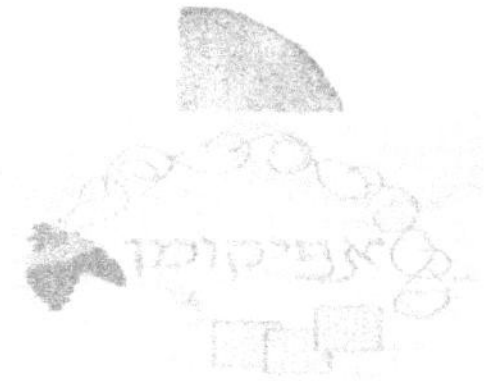

אחר שגמר סעודתו יקח חצי המצה ששמר לאפיקומן, ויאכל ממנו שתי כזיתות (כל אחת 28 גרם) בהסבה. ואם הוא חלש וקשה עליו לאכול שתי כזיתות, יאכל רק כזית אחת, ויאכל אותו במקום אחד ולא בשני מקומות ויזהר לאכלו קודם חצות, ולא יאכל שום דבר אחריו וקודם שיאכלנו יאמר:

After the meal, distribute a kezayit sized portion of the afikoman to each seder participant. It should be eaten before midnight while reclining to the left. Nothing must be eaten or drunk after the afikomen. (with the exception of water and the like) except the last two cups of wine.

זֵכֶר לְקָרְבַּן פֶּסַח הַנֶּאֱכָל עַל הַשֹּׂבַע:

Passover Haggadah   הגדה של פסח

ברך
Grace After Meals

ויאחז בידו כוס שלישי ויברך ברכת המזון וקודם שיברך:

After eating the afikoman, fill the third cup and use it to recite the blessing after meals

A song of ascents

שִׁיר הַמַּעֲלוֹת בְּשׁוּב ה' אֶת שִׁיבַת צִיּוֹן הָיִינוּ כְּחֹלְמִים. אָז יִמָּלֵא שְׂחוֹק פִּינוּ וּלְשׁוֹנֵנוּ רִנָּה אָז יֹאמְרוּ בַגּוֹיִם הִגְדִּיל ה' לַעֲשׂוֹת עִם אֵלֶּה. הִגְדִּיל ה' לַעֲשׂוֹת עִמָּנוּ הָיִינוּ שְׂמֵחִים. שׁוּבָה ה' אֶת שְׁבִיתֵנוּ כַּאֲפִיקִים בַּנֶּגֶב. הַזֹּרְעִים בְּדִמְעָה בְּרִנָּה יִקְצֹרוּ. הָלוֹךְ יֵלֵךְ וּבָכֹה נֹשֵׂא מֶשֶׁךְ הַזָּרַע בֹּא יָבוֹא בְרִנָּה נֹשֵׂא אֲלֻמֹּתָיו.

When Adonai returned the remnant of Zion, we were like dreamers. At that time, our mouths were filled with laughter and cries of joy were on our tongues. The nations said: Adonai did great things for these. Adonai did great things for us, and we were happy. Return, Adonai, our remnant like springs in the Negev. Those who plant in tears will reap in joy. The one who carries the trail of seed goes weeping, but the one who carries his bundle of grain returns in joy.

אִם הֵם שְׁלוֹשָׁה וְיוֹתֵר אוֹמֵר הַמְזַמֵּן: הַב לָן וְנִבְרִיךְ לְמַלְכָּא עִלָּאָה קַדִּשָׁא.
הַמְּסֻבִּים עוֹנִים: שָׁמַיִם.

אוֹמֵר הַמְזַמֵּן: בִּרְשׁוּת מַלְכָּא עִלָּאָה קַדִּשָׁא, וּבִרְשׁוּת יוֹמָא טָבָא קַדִּישָׁא [בְּשַׁבָּת: וּבִרְשׁוּת שַׁבָּת מַלְכְּתָא] וּבִרְשׁוּת מוֹרַי וְרַבּוֹתַי, וּבִרְשׁוּתְכֶם, נְבָרֵךְ [אִם הֵם עֲשָׂרָה אוֹ יוֹתֵר אוֹמֵר הַמְזַמֵּן אֱלֹהֵינוּ] שֶׁאָכַלְנוּ מִשֶּׁלּוֹ.
הַמְּסֻבִּים עוֹנִים: בָּרוּךְ [אִם הֵם עֲשָׂרָה אוֹ יוֹתֵר הַמְּסֻבִּים עוֹנִים אֱלֹהֵינוּ] שֶׁאָכַלְנוּ מִשֶּׁלּוֹ וּבְטוּבוֹ חָיִינוּ.

וְחוֹזֵר הַמְזַמֵּן: בָּרוּךְ [אִם הֵם עֲשָׂרָה אוֹ יוֹתֵר הַמְּסֻבִּים עוֹנִים אֱלֹהֵינוּ] שֶׁאָכַלְנוּ מִשֶּׁלּוֹ וּבְטוּבוֹ חָיִינוּ.

If three or more have eaten together, a zimun is recited, as follows:

The leader says:

Let us recite the blessing.

Others respond:

May the name of Adonai be blessed forever and ever.

The leader says:

With the permission of ... let us bless, (if ten are present, add) our God, the One of whose [bounty] we have eaten.

Blessed is the One of whose [bounty] we have eaten, and by whose goodness we live.

The leader repeats:

Blessed is the One (if ten are present, add: our God,) of whose [bounty] we have eaten, and by whose goodness we live.

Everyone together:

Blessed is He and blessed is His name.

Passover Haggadah   הגדה של פסח

Blessed are You, Adonai, our God, sovereign of the universe, who feeds the whole world in His goodness, in graciousness and kindness and mercy. He gives food to all flesh, for His kindness is everlasting. Because of His abundant goodness we have never lacked. May we never lack food in the future. for the sake of His great name. For He is God who feeds and provides for everyone, brings goodness to everyone, and prepares food for all His creations that He created.

בָּרוּךְ אַתָּה יְיָ אֱלֹהֵינוּ מֶלֶךְ הָעוֹלָם הַזָּן אֶת הָעוֹלָם כֻּלּוֹ בְּטוּבוֹ בְּחֵן בְּחֶסֶד וּבְרַחֲמִים הוּא נוֹתֵן לֶחֶם לְכָל־בָּשָׂר כִּי לְעוֹלָם חַסְדּוֹ: וּבְטוּבוֹ הַגָּדוֹל תָּמִיד לֹא־חָסַר לָנוּ וְאַל יֶחְסַר־לָנוּ מָזוֹן לְעוֹלָם וָעֶד: בַּעֲבוּר שְׁמוֹ הַגָּדוֹל כִּי הוּא זָן וּמְפַרְנֵס לַכֹּל וּמֵטִיב לַכֹּל וּמֵכִין מָזוֹן לְכָל־בְּרִיּוֹתָיו אֲשֶׁר בָּרָא.

בָּרוּךְ אַתָּה ה' הַזָּן אֶת־הַכֹּל.

Blessed are You, Adonai, who gives food to everyone.

נוֹדֶה לְּךָ ה' אֱלֹהֵינוּ עַל שֶׁהִנְחַלְתָּ לַאֲבוֹתֵינוּ אֶרֶץ חֶמְדָּה טוֹבָה וּרְחָבָה וְעַל שֶׁהוֹצֵאתָנוּ ה' אֱלֹהֵינוּ מֵאֶרֶץ מִצְרַיִם וּפְדִיתָנוּ מִבֵּית עֲבָדִים וְעַל בְּרִיתְךָ שֶׁחָתַמְתָּ בִּבְשָׂרֵינוּ וְעַל תּוֹרָתְךָ שֶׁלִּמַּדְתָּנוּ וְעַל חֻקֶּיךָ שֶׁהוֹדַעְתָּנוּ וְעַל חַיִּים חֵן וָחֶסֶד שֶׁחוֹנַנְתָּנוּ וְעַל אֲכִילַת מָזוֹן שָׁאַתָּה זָן וּמְפַרְנֵס אוֹתָנוּ תָּמִיד בְּכָל יוֹם וּבְכָל־עֵת וּבְכָל שָׁעָה.

We thank You, Adonai, our God, for granting a good and bounteous land to our ancestors; and because You, Adonai, our God, brought us out of Egypt and rescued us from the house of slavery; and for Your covenant, which You sealed in our flesh; and for Your Torah, which You taught us; and for Your laws, which You made known to us; and for life, graciousness, and kindness, which You granted to us; and for food, with which You sustain us and provide for us always, every day and at every hour.

רַחֵם ה' אֱלֹהֵינוּ עַל יִשְׂרָאֵל עַמֶּךָ וְעַל יְרוּשָׁלַםִ עִירֶךָ וְעַל צִיּוֹן מִשְׁכַּן כְּבוֹדֶךָ וְעַל מַלְכוּת בֵּית דָּוִד מְשִׁיחֶךָ וְעַל־הַבַּיִת הַגָּדוֹל וְהַקָּדוֹשׁ שֶׁנִּקְרָא שִׁמְךָ עָלָיו:

Have mercy, Adonai, our God, on Israel, Your people; on Jerusalem, Your city; on Zion, the dwelling place of Your Glory; on the kingdom of the family of David, Your anointed one; and on the great and holy temple over which Your name is proclaimed.

אֱלֹהֵינוּ אָבִינוּ רְעֵנוּ זוּנֵנוּ פַּרְנְסֵנוּ וְכַלְכְּלֵנוּ וְהַרְוִיחֵנוּ וְהַרְוַח לָנוּ ה' אֱלֹהֵינוּ מְהֵרָה מִכָּל־צָרוֹתֵינוּ וְנָא אַל תַּצְרִיכֵנוּ ה' אֱלֹהֵינוּ לֹא לִידֵי מַתְּנַת בָּשָׂר וָדָם וְלֹא לִידֵי הַלְוָאָתָם כִּי אִם לְיָדְךָ הַמְּלֵאָה הַפְּתוּחָה הַקְּדוֹשָׁה וְהָרְחָבָה שֶׁלֹּא נֵבוֹשׁ וְלֹא נִכָּלֵם לְעוֹלָם וָעֶד:

Our God, our father, our shepherd, our feeder, our provider, our sustainer, and our deliverer: Deliver us, Adonai, our God, speedily from all our distress. Please, do not make us dependent on the charity of flesh and blood or on their loans. For it is in Your power of holiness and generosity to see that we are never shamed or humiliated.

Passover Haggadah הגדה של פסח

בְּשַׁבָּת: **רְצֵה** וְהַחֲלִיצֵנוּ ה' אֱלֹהֵינוּ בְּמִצְוֹתֶיךָ וּבְמִצְוַת יוֹם הַשְּׁבִיעִי הַשַּׁבָּת הַגָּדוֹל וְהַקָּדוֹשׁ הַזֶּה כִּי יוֹם זֶה גָּדוֹל וְקָדוֹשׁ הוּא לְפָנֶיךָ לִשְׁבָּת בּוֹ וְלָנוּחַ בּוֹ בְּאַהֲבָה כְּמִצְוַת רְצוֹנֶךָ בִּרְצוֹנְךָ הָנִיחַ לָנוּ ה' אֱלֹהֵינוּ שֶׁלֹּא תְהִי צָרָה וְיָגוֹן וַאֲנָחָה בְּיוֹם מְנוּחָתֵנוּ וְהַרְאֵנוּ ה' אֱלֹהֵינוּ בְּנֶחָמַת צִיּוֹן עִירֶךָ וּבְבִנְיַן יְרוּשָׁלַיִם עִיר קָדְשֶׁךָ כִּי אַתָּה הוּא בַּעַל הַיְשׁוּעוֹת וּבַעַל הַנֶּחָמוֹת:

On Shabbat add

Take favor in Your commandments, Adonai, our God, and help us fulfill them, specifically the commandment of the seventh day, this great and holy Sabbath. For it is a great and holy day before You for ceasing all labor and resting, with love, in accordance with the commandments in which You take favor. May it be Your will, Adonai, our God, that we be spared from distress, suffering, and hardship on our day of rest. Allow us to see, Adonai, our God, the comforting of Zion, Your city, and the rebuilding of Jerusalem, Your holy city. For You are master of salvation and master of consolation.

אֱלֹהֵינוּ וֵאלֹהֵי אֲבוֹתֵינוּ. יַעֲלֶה וְיָבֹא וְיַגִּיעַ וְיֵרָאֶה וְיֵרָצֶה וְיִשָּׁמַע וְיִפָּקֵד וְיִזָּכֵר זִכְרוֹנֵנוּ וּפִקְדוֹנֵנוּ וְזִכְרוֹן אֲבוֹתֵינוּ. וְזִכְרוֹן מָשִׁיחַ בֶּן דָּוִד עַבְדֶּךָ. וְזִכְרוֹן יְרוּשָׁלַיִם עִיר קָדְשֶׁךָ. וְזִכְרוֹן כָּל עַמְּךָ בֵּית יִשְׂרָאֵל לְפָנֶיךָ. לִפְלֵיטָה לְטוֹבָה לְחֵן וּלְחֶסֶד וּלְרַחֲמִים לְחַיִּים וּלְשָׁלוֹם בְּיוֹם חַג הַמַּצּוֹת הַזֶּה. זָכְרֵנוּ ה' אֱלֹהֵינוּ בּוֹ לְטוֹבָה. וּפָקְדֵנוּ בוֹ לִבְרָכָה. וְהוֹשִׁיעֵנוּ בוֹ לְחַיִּים: וּבִדְבַר יְשׁוּעָה וְרַחֲמִים חוּס וְחָנֵּנוּ וְרַחֵם

Passover Haggadah   הגדה של פסח

עָלֵינוּ וְהוֹשִׁיעֵנוּ כִּי אֵלֶיךָ עֵינֵינוּ כִּי אֵל מֶלֶךְ חַנּוּן וְרַחוּם אָתָּה:

Our God and God of our ancestors: May our memory rise up and come before You, and may it be regarded favorably by You, along with the memory of our ancestors, the memory of the anointed one, descendent of Your servant David, the memory of Jerusalem Your holy city, and the memory of all Your people, the family of Israel. May we be remembered for salvation, goodness, graciousness, mercy, and life on this festival of Matzot. Remember us for good and for blessing on this day, and grant us the salvation of life. With regard to salvation and mercy, act graciously toward us, have mercy on us, and save us, for we look to You, because You are a gracious and merciful God.

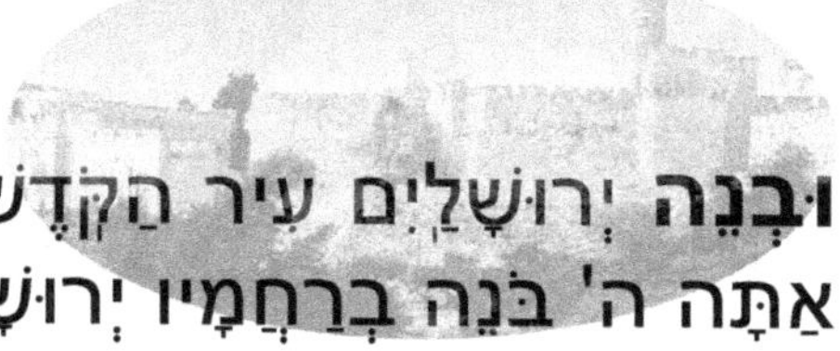

וּבְנֵה יְרוּשָׁלַיִם עִיר הַקֹּדֶשׁ בִּמְהֵרָה בְיָמֵינוּ בָּרוּךְ אַתָּה ה' בּוֹנֵה בְרַחֲמָיו יְרוּשָׁלָיִם. **אָמֵן**.

May the holy city of Jerusalem be rebuilt speedily in our day. Blessed are You, Adonai, merciful rebuilder of Jerusalem. **Amen**.

בָּרוּךְ אַתָּה ה' אֱלֹהֵינוּ מֶלֶךְ הָעוֹלָם הָאֵל אָבִינוּ מַלְכֵּנוּ אַדִּירֵנוּ בּוֹרְאֵנוּ גֹּאֲלֵנוּ יוֹצְרֵנוּ קְדוֹשֵׁנוּ קְדוֹשׁ יַעֲקֹב רוֹעֵנוּ רוֹעֵה יִשְׂרָאֵל הַמֶּלֶךְ הַטּוֹב וְהַמֵּטִיב לַכֹּל שֶׁבְּכָל יוֹם וָיוֹם הוּא הֵטִיב הוּא מֵטִיב הוּא יֵטִיב לָנוּ: הוּא גְמָלָנוּ הוּא גוֹמְלֵנוּ הוּא יִגְמְלֵנוּ לָעַד לְחֵן לְחֶסֶד וּלְרַחֲמִים וּלְרֶוַח הַצָּלָה וְהַצְלָחָה בְּרָכָה וִישׁוּעָה נֶחָמָה פַּרְנָסָה וְכַלְכָּלָה וְרַחֲמִים וְחַיִּים וְשָׁלוֹם וְכָל טוֹב וּמִכָּל טוֹב אַל יְחַסְּרֵנוּ:

Blessed are You, Adonai, our God, sovereign of the universe, God, our father, our sovereign, our mighty one, our creator, our redeemer, our fashioner, our holy one, the

Passover Haggadah הגדה של פסח

Holy One of Jacob, our shepherd, Shepherd of Israel, the benevolent sovereign who bestows goodness on everyone. For every day He bestowed goodness, He bestows goodness, and He will bestow goodness on us; He granted us favor, He grants us favor, and He will grant us favor forever. For graciousness, kindness, and mercy; for rescuing and saving; for bestowing blessing, salvation, comfort, provision, sustenance, mercy, life, peace, and everything good [we bless Him]. May He never cause us to lack anything good.

הָרַחֲמָן. הוּא יִמְלוֹךְ עָלֵינוּ לְעוֹלָם וָעֶד:
May the Merciful One reign over us forever and ever.

הָרַחֲמָן. הוּא יִתְבָּרַךְ בַּשָּׁמַיִם וּבָאָרֶץ:
May the Merciful One be blessed in heaven and on earth.

הָרַחֲמָן. הוּא יִשְׁתַּבַּח לְדוֹר דּוֹרִים וְיִתְפָּאַר בָּנוּ לָנֶצַח נְצָחִים וְיִתְהַדַּר בָּנוּ לָעַד וּלְעוֹלְמֵי עוֹלָמִים:
May the Merciful One be praised from generation to generation and be glorified among us in perpetuity.

הָרַחֲמָן הוּא יְפַרְנְסֵנוּ בְּכָבוֹד:

May the Merciful One provide for us with dignity.

הָרַחֲמָן הוּא יִשְׁבּוֹר עֻלֵּנוּ מֵעַל צַוָּארֵנוּ וְהוּא יוֹלִיכֵנוּ קוֹמְמִיּוּת לְאַרְצֵנוּ:

May the Merciful One break the yoke on our necks and lead us to our land in pride.

הָרַחֲמָן הוּא יִשְׁלַח בְּרָכָה מְרֻבָּה בַּבַּיִת הַזֶּה וְעַל שֻׁלְחָן זֶה שֶׁאָכַלְנוּ עָלָיו:

May the Merciful One send abundant blessing to this house and this table upon which we have eaten.

הָרַחֲמָן הוּא יִשְׁלַח לָנוּ אֶת אֵלִיָּהוּ הַנָּבִיא זָכוּר לַטּוֹב וִיבַשֶּׂר לָנוּ בְּשׂוֹרוֹת טוֹבוֹת יְשׁוּעוֹת וְנֶחָמוֹת:

May the Merciful One send us Elijah the prophet, of blessed memory, and may He bring us good tidings of salvation and consolation.

ברכת האורח

הָרַחֲמָן הוּא יְבָרֵךְ אֶת (אָבִי) מוֹרִי בַּעַל הַבַּיִת הַזֶּה וְאֶת (אִמִּי) מוֹרָתִי בַּעֲלַת הַבַּיִת הַזֶּה אוֹתָם וְאֶת בֵּיתָם וְאֶת זַרְעָם וְאֶת כָּל אֲשֶׁר לָהֶם אוֹתָנוּ וְאֶת כָּל אֲשֶׁר לָנוּ כְּמוֹ שֶׁנִּתְבָּרְכוּ אֲבוֹתֵינוּ אַבְרָהָם יִצְחָק

וְיַעֲקֹב בַּכֹּל מִכֹּל כֹּל כֵּן יְבָרֵךְ אוֹתָֽנוּ כֻּלָּֽנוּ יַֽחַד בִּבְרָכָה שְׁלֵמָה וְנֹאמַר אָמֵן:

The blessing of the guest

May the Merciful One bless (at one's father's home, add: my father, my teacher, the master of this house). (at one's mother's home, add: and my mother, my teacher, the mistress of this house,) along with their household and all that is theirs. And [may He bless] us and all that is ours. As He blessed our ancestors, Abraham, Isaac, and Jacob with everything, so may He bless us, all of us together, with a complete blessing. And let us say Amen.

בַּמָּרוֹם **יְלַמְּדוּ עֲלֵיהֶם וְעָלֵֽינוּ זְכוּת שֶׁתְּהֵי לְמִשְׁמֶֽרֶת שָׁלוֹם וְנִשָּׂא בְרָכָה מֵאֵת ה' וּצְדָקָה מֵאֱלֹהֵי יִשְׁעֵֽנוּ: וְנִמְצָא חֵן וְשֵֽׂכֶל טוֹב בְּעֵינֵי אֱלֹהִים וְאָדָם:**

May merit be invoked upon high, on their behalf and on ours, leading to enduring peace. May we receive blessing from Adonai and beneficence from the God of our salvation. And may we find grace and good favor in the eyes of God and mortals.

Passover Haggadah

בְּשַׁבָּת:

הָרַחֲמָן הוּא יַנְחִילֵנוּ יוֹם שֶׁכֻּלּוֹ שַׁבָּת וּמְנוּחָה לְחַיֵּי הָעוֹלָמִים:

On Shabbat add:

May the Merciful One grant us a day that is fully Shabbat and the rest of eternal life.

הָרַחֲמָן הוּא יַנְחִילֵנוּ יוֹם שֶׁכֻּלּוֹ טוֹב:

May the Merciful One grant us a day that is fully good.

הָרַחֲמָן הוּא יְזַכֵּנוּ לִימוֹת הַמָּשִׁיחַ וּלְחַיֵּי הָעוֹלָם הַבָּא: מִגְדֹּל יְשׁוּעוֹת מַלְכּוֹ וְעֹשֶׂה חֶסֶד לִמְשִׁיחוֹ לְדָוִד וּלְזַרְעוֹ עַד עוֹלָם: עֹשֶׂה שָׁלוֹם בִּמְרוֹמָיו הוּא יַעֲשֶׂה שָׁלוֹם עָלֵינוּ וְעַל כָּל־יִשְׂרָאֵל וְאִמְרוּ אָמֵן:

May the Merciful One find us worthy of the coming of the messiah and life in the world to come. He brings salvation to His king and acts kindly to His anointed one, to David and to His descendants forever. May the One who creates peace in His heavens create peace among us and all Israel. And let us say Amen.

יִרְאוּ אֶת ה' קְדֹשָׁיו כִּי אֵין מַחְסוֹר לִירֵאָיו כְּפִירִים רָשׁוּ וְרָעֵבוּ וְדֹרְשֵׁי ה' לֹא יַחְסְרוּ כָל טוֹב הוֹדוּ לַה' כִּי טוֹב כִּי לְעוֹלָם חַסְדּוֹ פּוֹתֵחַ אֶת יָדֶךָ וּמַשְׂבִּיעַ לְכָל־חַי רָצוֹן. בָּרוּךְ הַגֶּבֶר אֲשֶׁר יִבְטַח בַּה' וְהָיָה ה' מִבְטַחוֹ: נַעַר הָיִיתִי גַּם־זָקַנְתִּי וְלֹא רָאִיתִי צַדִּיק נֶעֱזָב וְזַרְעוֹ מְבַקֶּשׁ לָחֶם

ה' עֹז לְעַמּוֹ יִתֵּן ה' יְבָרֵךְ אֶת עַמּוֹ בַשָּׁלוֹם

Fear Adonai, His holy ones, for those who fear Him lack nothing. Lions roar and yet go hungry, but those who seek Adonai lack nothing good. Praise Adonai, for He is good, for His kindness is eternal. Open Your hand and satisfy every living thing in favor. Blessed is the man who trusts in Adonai, whose trust is in Adonai. I was young and now I am old, yet I have not seen a righteous person abandoned and his children in need of food. May Adonai give strength to His people. May Adonai bless His people forever.

יברך בורא פרי הגפן על כוס שלישי, ויכון לפטור בברכה זו גם כוס רביעי, וישתה בהסבה, ולא יברך אחריו ברכה אחרונה. (האשכנזים מברכים גם על הכוס הרביעי).

כּוֹס יְשׁוּעוֹת אֶשָּׂא. וּבְשֵׁם ה' אֶקְרָא:

סַבְרִי מָרָנָן

הַמְּסֻבִּים עוֹנִים: **לְחַיִּים**

Drink the third cup while leaning to the left:

Blessed are You, Adonai, our God, sovereign of the universe, creator of the fruit of the vine

הלל

Songs of Praise

יְמִזְגוּ לוֹ כּוֹס רְבִיעִי וְיִקְרָא עָלָיו אֶת הַהַלֵּל הַגָּדוֹל:

Fill up your cup with wine, then say HALLEL:

Pour out Your wrath upon the nations who do not know You and upon the kingdoms that have not called Your name, for they have devoured Jacob and laid waste his habitations. Pour out Your rage upon them, and let Your anger overtake them.

שְׁפֹךְ חֲמָתְךָ אֶל הַגּוֹיִם אֲשֶׁר לֹא יְדָעוּךָ. וְעַל מַמְלָכוֹת. אֲשֶׁר בְּשִׁמְךָ לֹא קָרָאוּ: כִּי אָכַל אֶת יַעֲקֹב. וְאֶת נָוֵהוּ הֵשַׁמּוּ:

שְׁפָךְ עֲלֵיהֶם זַעְמֶךָ וַחֲרוֹן אַפְּךָ יַשִּׂיגֵם: תִּרְדֹּף בְּאַף וְתַשְׁמִידֵם מִתַּחַת שְׁמֵי ה':

Pursue them in anger and destroy them from under the heavens of Adonai.

לֹא לָנוּ ה' לֹא לָנוּ כִּי לְשִׁמְךָ תֵּן כָּבוֹד. עַל חַסְדְּךָ עַל אֲמִתֶּךָ: לָמָּה יֹאמְרוּ הַגּוֹיִם. אַיֵּה נָא אֱלֹהֵיהֶם: וֵאלֹהֵינוּ בַשָּׁמָיִם. כֹּל אֲשֶׁר חָפֵץ עָשָׂה: עֲצַבֵּיהֶם כֶּסֶף וְזָהָב. מַעֲשֵׂה יְדֵי אָדָם: פֶּה לָהֶם וְלֹא יְדַבֵּרוּ. עֵינַיִם לָהֶם וְלֹא

Passover Haggadah   הגדה של פסח

יִרְאוּ: אָזְנַיִם לָהֶם וְלֹא יִשְׁמָעוּ. אַף לָהֶם וְלֹא יְרִיחוּן: יְדֵיהֶם וְלֹא יְמִישׁוּן רַגְלֵיהֶם וְלֹא יְהַלֵּכוּ. לֹא יֶהְגּוּ בִּגְרוֹנָם: כְּמוֹהֶם יִהְיוּ עֹשֵׂיהֶם. כֹּל אֲשֶׁר בֹּטֵחַ בָּהֶם: יִשְׂרָאֵל בְּטַח בַּה' עֶזְרָם וּמָגִנָּם הוּא: בֵּית אַהֲרֹן בִּטְחוּ בַה' עֶזְרָם וּמָגִנָּם הוּא: יִרְאֵי ה' בִּטְחוּ בַה' עֶזְרָם וּמָגִנָּם הוּא:

Not for us, Adonai, not for us, but to give glory to Your name for Your kindness and for Your faithfulness. Why should the nations say, where is their God, when our God is in heaven, He does whatever He pleases, their idols are silver and gold, the work of human hands. They have mouths, but they cannot speak. They have eyes, but they cannot see. They have ears, but they cannot hear. They have noses, but they cannot smell. Their hands cannot feel. Their legs cannot walk. They cannot speak with their throats. May their makers be like them — all who trust in them. Israel, trust in Adonai! He is their helper and guardian. Family of Aaron, trust in Adonai! He is their helper and guardian. Those who fear Adonai, trust in Adonai! He is their helper and guardian.

ה' זְכָרָנוּ יְבָרֵךְ יְבָרֵךְ אֶת בֵּית יִשְׂרָאֵל: יְבָרֵךְ אֶת בֵּית אַהֲרֹן: יְבָרֵךְ יִרְאֵי ה' הַקְּטַנִּים עִם הַגְּדֹלִים: יֹסֵף יְהֹוָה עֲלֵיכֶם. עֲלֵיכֶם וְעַל בְּנֵיכֶם: בְּרוּכִים אַתֶּם לַה' עֹשֵׂה שָׁמַיִם וָאָרֶץ: הַשָּׁמַיִם שָׁמַיִם לַה' וְהָאָרֶץ נָתַן לִבְנֵי אָדָם:

לֹא הַמֵּתִים יְהַלְלוּ יָהּ. וְלֹא כָּל יוֹרְדֵי דוּמָה: וַאֲנַחְנוּ נְבָרֵךְ יָהּ מֵעַתָּה וְעַד עוֹלָם הַלְלוּיָהּ:

Adonai remembers us, He will bless (us). May He bless the family of Israel. May He bless the family of Aaron. May He bless those who fear Adonai, the small along with the great. May Adonai grant you increase, you and your children. You are blessed to Adonai, maker of heaven and earth. The heavens are the heavens of Adonai, and He gave the land to humanity. The dead cannot praise Yah, nor can those who go down into silence. But we will praise Yah from now to eternity. Praise Yah.

אָהַבְתִּי כִּי יִשְׁמַע ה' אֶת קוֹלִי תַּחֲנוּנָי: כִּי הִטָּה אָזְנוֹ לִי. וּבְיָמַי אֶקְרָא: אֲפָפוּנִי חֶבְלֵי מָוֶת וּמְצָרֵי שְׁאוֹל מְצָאוּנִי. צָרָה וְיָגוֹן אֶמְצָא: וּבְשֵׁם ה' אֶקְרָא. אָנָּה ה' מַלְּטָה נַפְשִׁי: חַנּוּן ה' וְצַדִּיק. וֵאלֹהֵינוּ מְרַחֵם: שֹׁמֵר פְּתָאִים ה' דַּלּוֹתִי וְלִי יְהוֹשִׁיעַ: שׁוּבִי נַפְשִׁי לִמְנוּחָיְכִי. כִּי ה' גָּמַל עָלָיְכִי: כִּי חִלַּצְתָּ נַפְשִׁי מִמָּוֶת אֶת עֵינִי מִן דִּמְעָה. אֶת רַגְלִי מִדֶּחִי: אֶתְהַלֵּךְ לִפְנֵי ה' בְּאַרְצוֹת הַחַיִּים: הֶאֱמַנְתִּי כִּי אֲדַבֵּר. אֲנִי עָנִיתִי מְאֹד: אֲנִי אָמַרְתִּי בְחָפְזִי. כָּל הָאָדָם כֹּזֵב:

I love Adonai, for He hears my voice, my pleas. For He inclined His ear to me, when in my days I called. The ropes of death entangled me; the afflictions of the underworld came upon me; I met with

Passover Haggadah   הגדה של פסח

affliction and suffering. I called out to Adonai: Please, Adonai, save my life! Adonai is gracious and righteous, and our God is merciful. Adonai protects the simple. I was brought low, and He saved me. Be at rest again, my soul, for Adonai has been beneficent to you. For You have delivered me from death, my eyes from tears, my foot from stumbling. I walk before Adonai in the land of the living! I believed when I spoke; I was greatly afflicted. I said rashly, All people are deceitful.

מָה אָשִׁיב לַה' כָּל תַּגְמוּלוֹהִי עָלָי: כּוֹס יְשׁוּעוֹת אֶשָּׂא. וּבְשֵׁם ה' אֶקְרָא: נְדָרַי לַה' אֲשַׁלֵּם. נֶגְדָה נָּא לְכָל עַמּוֹ: יָקָר בְּעֵינֵי ה' הַמָּוְתָה לַחֲסִידָיו: אָנָּה ה' כִּי אֲנִי עַבְדֶּךָ אֲנִי עַבְדְּךָ בֶּן אֲמָתֶךָ. פִּתַּחְתָּ לְמוֹסֵרָי: לְךָ אֶזְבַּח זֶבַח תּוֹדָה וּבְשֵׁם ה' אֶקְרָא: נְדָרַי לַה' אֲשַׁלֵּם. נֶגְדָה נָּא לְכָל עַמּוֹ: בְּחַצְרוֹת בֵּית ה' בְּתוֹכֵכִי יְרוּשָׁלָיִם הַלְלוּיָהּ:

How can I repay Adonai for all the beneficence He has shown me? I raise a cup of salvation and call out in the name of Adonai. I will fulfill my vows to Adonai in the presence of all His people. Grievous in the eyes of Adonai is the death of His faithful ones. O Adonai, I am Your servant. I am Your servant, son of Your maidservant. You have released my bonds. I will slaughter a

Passover Haggadah   הגדה של פסח

thanksgiving sacrifice to You and call out in the name of Adonai. I will fulfill my vows to Adonai in the presence of all His people, in the courtyards of the temple of Adonai in the midst of Jerusalem. Praise Yah.

הַלְלוּ אֶת ה' כָּל גּוֹיִם. שַׁבְּחוּהוּ כָּל הָאֻמִּים: כִּי גָבַר עָלֵינוּ חַסְדּוֹ וֶאֱמֶת ה' לְעוֹלָם הַלְלוּיָהּ:

Praise Adonai, all nations! Laud him, all peoples! For His kindness has overwhelmed us, and Adonai is faithful forever. Praise Yah.

הוֹדוּ לַה' כִּי טוֹב. כִּי לְעוֹלָם חַסְדּוֹ:
Give thanks to Adonai, for He is good, for His kindness is everlasting.

יֹאמַר נָא יִשְׂרָאֵל. כִּי לְעוֹלָם חַסְדּוֹ:
Let Israel say: For His kindness is everlasting.

יֹאמְרוּ נָא בֵית אַהֲרֹן. כִּי לְעוֹלָם חַסְדּוֹ:
Let family of Aaron say: For His kindness is everlasting.

יֹאמְרוּ נָא יִרְאֵי ה'. כִּי לְעוֹלָם חַסְדּוֹ:

Let those who fear Adonai say: For His kindness is everlasting.

מִן הַמֵּצַר קָרָאתִי יָּהּ. עָנָנִי בַמֶּרְחַב יָהּ: ה' לִי לֹא אִירָא. מַה יַּעֲשֶׂה לִי אָדָם: ה' לִי בְּעֹזְרָי. וַאֲנִי אֶרְאֶה בְשׂנְאָי: טוֹב לַחֲסוֹת בַּה' מִבְּטֹחַ בָּאָדָם: טוֹב לַחֲסוֹת בַּה' מִבְּטֹחַ בִּנְדִיבִים: כָּל גּוֹיִם סְבָבוּנִי. בְּשֵׁם ה' כִּי אֲמִילַם: סַבּוּנִי גַם סְבָבוּנִי. בְּשֵׁם ה' כִּי אֲמִילַם: סַבּוּנִי כִדְבוֹרִים דֹּעֲכוּ כְּאֵשׁ קוֹצִים. בְּשֵׁם ה' כִּי אֲמִילַם: דָּחֹה דְחִיתַנִי לִנְפֹּל. וַה' עֲזָרָנִי: עָזִּי וְזִמְרָת יָהּ. וַיְהִי לִי לִישׁוּעָה: קוֹל רִנָּה וִישׁוּעָה בְּאָהֳלֵי צַדִּיקִים. יְמִין ה' עֹשָׂה חָיִל: יְמִין ה' רוֹמֵמָה. יְמִין ה' עֹשָׂה חָיִל: לֹא אָמוּת כִּי אֶחְיֶה. וַאֲסַפֵּר מַעֲשֵׂי יָהּ: יַסֹּר יִסְּרַנִּי יָּהּ. וְלַמָּוֶת לֹא נְתָנָנִי. פִּתְחוּ לִי שַׁעֲרֵי צֶדֶק. אָבֹא בָם אוֹדֶה יָהּ: זֶה הַשַּׁעַר לַה' צַדִּיקִים יָבֹאוּ בוֹ:

From the straits I called out to Yah, Yah answered me in His breadth. Adonai, I do not fear for my self. What can a mortal do to me, With Adonai with me as my helper, I will see [the fall of] my enemies. It is better to seek refuge in Adonai than to trust in mortals. It is better to seek refuge in Adonai than to trust in nobles. All nations have surrounded me by the name of Adonai I will cut them down. They surrounded me and encircled me by the name of Adonai I will cut them down. They surrounded me like bees they will be extinguished like burning thorns by the name of Adonai I will cut them down. They

Passover Haggadah   הגדה של פסח

pressed upon me to fell me, but Adonai helped me. Yah is my strength and my might, and He has become my salvation. The sound of rejoicing and salvation is in the tents of the righteous. The right hand of Adonai acts valorously. The right hand of Adonai is exalted, the right hand of Adonai acts valorously. I will not die. I will live and will tell of the deeds of Yah. Yah punished me severely, but He has not given me over to death. Open for me, gates of righteousness! I will come through and offer thanks to Yah. This is the gate of Adonai. The righteous will come through it.

אוֹדְךָ כִּי עֲנִיתָנִי. וַתְּהִי לִי לִישׁוּעָה:
I thank You, for You answered me and became my salvation.

אוֹדְךָ כִּי עֲנִיתָנִי. וַתְּהִי לִי לִישׁוּעָה:
I thank You, for You answered me and became my salvation.

אֶבֶן מָאֲסוּ הַבּוֹנִים. הָיְתָה לְרֹאשׁ פִּנָּה:
The stone that the builders rejected became the cornerstone.

אֶבֶן מָאֲסוּ הַבּוֹנִים. הָיְתָה לְרֹאשׁ פִּנָּה:
The stone that the builders rejected became the cornerstone.

מֵאֵת ה' הָיְתָה זֹּאת. הִיא נִפְלָאת בְּעֵינֵינוּ:
This has come from Adonai it is wondrous in our eyes.

Passover Haggadah

מֵאֵת ה' הָיְתָה זֹּאת. הִיא נִפְלָאת בְּעֵינֵינוּ:
This has come from Adonai it is wondrous in our eyes.

זֶה הַיּוֹם עָשָׂה ה' נָגִילָה וְנִשְׂמְחָה בוֹ:
This is the day that Adonai wrought. We will rejoice and be happy on it.

זֶה הַיּוֹם עָשָׂה ה' נָגִילָה וְנִשְׂמְחָה בוֹ:
This is the day that Adonai wrought. We will rejoice and be happy on it.

אָנָּא ה' הוֹשִׁיעָה נָּא:
Please, Adonai, save.

אָנָּא ה' הוֹשִׁיעָה נָּא:
Please, Adonai, save.

אָנָּא ה' הַצְלִיחָה נָּא:
Please, Adonai, bring success.

אָנָּא ה' הַצְלִיחָה נָּא:
Please, Adonai, bring success.

בָּרוּךְ הַבָּא בְּשֵׁם ה' בֵּרַכְנוּכֶם מִבֵּית ה':
Blessed is the one who comes in the name of Adonai.

בָּרוּךְ הַבָּא בְּשֵׁם ה' בֵּרַכְנוּכֶם מִבֵּית ה':
Blessed is the one who comes in the name of Adonai.

אֵל ה' וַיָּאֶר לָנוּ אִסְרוּ חַג בַּעֲבֹתִים. עַד קַרְנוֹת הַמִּזְבֵּחַ:
Adonai is God, and He gives us light. Bind a festival offering in cords to the horns of the altar.

Passover Haggadah   הגדה של פסח

אֵל ה' וַיָּאֶר לָנוּ אִסְרוּ חַג בַּעֲבֹתִים. עַד קַרְנוֹת הַמִּזְבֵּחַ:
Adonai is God, and He gives us light. Bind a festival offering in cords to the horns of the altar.

אֵלִי אַתָּה וְאוֹדֶךָּ. אֱלֹהַי אֲרוֹמְמֶךָּ:
You are my God, and I thank You. You are my God, and I exalt You.

אֵלִי אַתָּה וְאוֹדֶךָּ. אֱלֹהַי אֲרוֹמְמֶךָּ:
You are my God, and I thank You. You are my God, and I exalt You.

הוֹדוּ לַה' כִּי טוֹב. כִּי לְעוֹלָם חַסְדּוֹ:
Praise Adonai, for He is good, for His kindness is eternal.

הוֹדוּ לַה' כִּי טוֹב. כִּי לְעוֹלָם חַסְדּוֹ:
Praise Adonai, for He is good, for His kindness is eternal.

הוֹדוּ לַה' כִּי טוֹב. כִּי לְעוֹלָם חַסְדּוֹ:
Thank Adonai, for He is good, for His kindness is eternal.

הוֹדוּ לֵאלֹהֵי הָאֱלֹהִים. כִּי לְעוֹלָם חַסְדּוֹ:
Thank the greatest God, for His kindness is eternal.

הוֹדוּ לַאֲדֹנֵי הָאֲדֹנִים. כִּי לְעוֹלָם חַסְדּוֹ:
Thank the greatest God, for His kindness is eternal.

לְעֹשֵׂה נִפְלָאוֹת גְּדֹלוֹת לְבַדּוֹ. כִּי לְעוֹלָם חַסְדּוֹ:

Passover Haggadah   הגדה של פסח

Thank the greatest Lord, for His kindness is eternal who performs great wonders by Himself, for His kindness is eternal.

לְעֹשֵׂה הַשָּׁמַיִם בִּתְבוּנָה. כִּי לְעוֹלָם חַסְדּוֹ:
Who created the heavens in wisdom, for His kindness is eternal.

לְרוֹקַע הָאָרֶץ עַל-הַמָּיִם. כִּי לְעוֹלָם חַסְדּוֹ:
who spread out the earth over the waters, for His kindness is eternal.

לְעֹשֵׂה אוֹרִים גְּדֹלִים. כִּי לְעוֹלָם חַסְדּוֹ:
Who created the great luminaries, for His kindness is eternal.

אֶת הַשֶּׁמֶשׁ לְמֶמְשֶׁלֶת בַּיּוֹם. כִּי לְעוֹלָם חַסְדּוֹ:
The sun, to rule over the day, for His kindness is eternal.

אֶת הַיָּרֵחַ וְכוֹכָבִים לְמֶמְשְׁלוֹת בַּלָּיְלָה. כִּי לְעוֹלָם חַסְדּוֹ:
The moon and the stars to rule over the night, for His kindness is eternal.

לְמַכֵּה מִצְרַיִם בִּבְכוֹרֵיהֶם. כִּי לְעוֹלָם חַסְדּוֹ:
Who struck down the firstborn of Egypt, for His kindness is eternal.

וַיּוֹצֵא יִשְׂרָאֵל מִתּוֹכָם. כִּי לְעוֹלָם חַסְדּוֹ:
And redeemed Israel from their midst, for His kindness is eternal.

בְּיָד חֲזָקָה וּבִזְרוֹעַ נְטוּיָה. כִּי לְעוֹלָם חַסְדּוֹ:
With a strong hand and an outstretched arm, for His kindness is eternal.

Passover Haggadah הגדה של פסח

לְגוֹזֵר יַם סוּף לִגְזָרִים. כִּי לְעוֹלָם חַסְדּוֹ:

Who split the sea in two, for His kindness is eternal.

וְהֶעֱבִיר יִשְׂרָאֵל בְּתוֹכוֹ. כִּי לְעוֹלָם חַסְדּוֹ:

And brought Israel through its midst, for His kindness is eternal.

וְנִעֵר פַּרְעֹה וְחֵילוֹ בְיַם סוּף. כִּי לְעוֹלָם חַסְדּוֹ:

And drowned Pharaoh and his army in the Sea of Reeds, for His kindness is eternal.

לְמוֹלִיךְ עַמּוֹ בַּמִּדְבָּר. כִּי לְעוֹלָם חַסְדּוֹ:

Who led His people through the wilderness, for His kindness is eternal.

לְמַכֵּה מְלָכִים גְּדֹלִים. כִּי לְעוֹלָם חַסְדּוֹ:

Who struck down great kings, for His kindness is eternal.

וַיַּהֲרֹג מְלָכִים אַדִּירִים. כִּי לְעוֹלָם חַסְדּוֹ:

And killed mighty kings, for His kindness is eternal.

לְסִיחוֹן מֶלֶךְ הָאֱמֹרִי. כִּי לְעוֹלָם חַסְדּוֹ:

Sichon, king of the Amorites, for His kindness is eternal.

וּלְעוֹג מֶלֶךְ הַבָּשָׁן. כִּי לְעוֹלָם חַסְדּוֹ:

And Og, king of Bashan, for His kindness is eternal.

וְנָתַן אַרְצָם לְנַחֲלָה. כִּי לְעוֹלָם חַסְדּוֹ:

And He granted their land as an inheritance, for His kindness is eternal.

נַחֲלָה לְיִשְׂרָאֵל עַבְדּוֹ. כִּי לְעוֹלָם חַסְדּוֹ:

An inheritance for His servant Israel, for His kindness is eternal.

שֶׁבְּשִׁפְלֵנוּ זָכַר לָנוּ. כִּי לְעוֹלָם חַסְדּוֹ:

For He remembered us in our lowliness, for His kindness is eternal.

וַיִּפְרְקֵנוּ מִצָּרֵינוּ. כִּי לְעוֹלָם חַסְדּוֹ:

And He freed us from our affliction, for His kindness is eternal.

נוֹתֵן לֶחֶם לְכָל בָּשָׂר. כִּי לְעוֹלָם חַסְדּוֹ:

He gives food to all flesh, for His kindness is eternal.

הוֹדוּ לְאֵל הַשָּׁמָיִם. כִּי לְעוֹלָם חַסְדּוֹ:

Thank the God of Heaven, for His kindness is eternal.

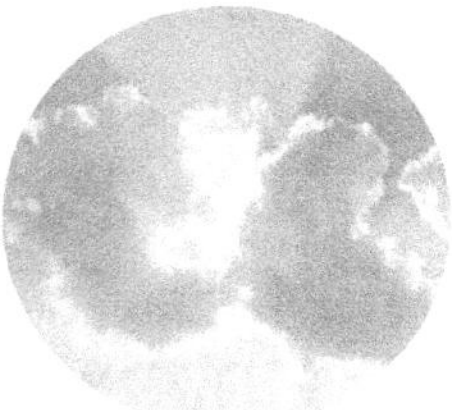

נִשְׁמַת כָּל חַי תְּבָרֵךְ אֶת שִׁמְךָ ה' אֱלֹהֵינוּ וְרוּחַ כָּל בָּשָׂר תְּפָאֵר וּתְרוֹמֵם זִכְרְךָ מַלְכֵּנוּ תָּמִיד. מִן הָעוֹלָם וְעַד הָעוֹלָם אַתָּה אֵל. וּמִבַּלְעָדֶיךָ אֵין לָנוּ (מֶלֶךְ) גּוֹאֵל וּמוֹשִׁיעַ. פּוֹדֶה וּמַצִּיל. וְעוֹנֶה וּמְרַחֵם. בְּכָל עֵת צָרָה וְצוּקָה. אֵין לָנוּ מֶלֶךְ עוֹזֵר וְסוֹמֵךְ אֶלָּא אָתָּה:

אֱלֹהֵי הָרִאשׁוֹנִים וְהָאַחֲרוֹנִים. אֱלוֹהַּ כָּל בְּרִיּוֹת. אֲדוֹן כָּל תּוֹלָדוֹת. הַמְהֻלָּל בְּכָל הַתִּשְׁבָּחוֹת. הַמְנַהֵג עוֹלָמוֹ בְּחֶסֶד וּבְרִיּוֹתָיו בְּרַחֲמִים. וַה' אֱלֹהִים אֱמֶת. לֹא יָנוּם וְלֹא יִישָׁן. הַמְעוֹרֵר יְשֵׁנִים וְהַמֵּקִיץ נִרְדָּמִים. מְחַיֵּה מֵתִים. וְרוֹפֵא

חוֹלִים. פּוֹקֵחַ עִוְרִים. וְזוֹקֵף כְּפוּפִים. הַמֵּשִׂיחַ אִלְּמִים. וְהַמְפַעְנֵחַ נֶעֱלָמִים. וּלְךָ לְבַדְּךָ אֲנַחְנוּ מוֹדִים:

וְאִלּוּ פִינוּ מָלֵא שִׁירָה כַּיָּם. וּלְשׁוֹנֵנוּ רִנָּה כַּהֲמוֹן גַּלָּיו וְשִׂפְתוֹתֵינוּ שֶׁבַח כְּמֶרְחֲבֵי רָקִיעַ. וְעֵינֵינוּ מְאִירוֹת כַּשֶּׁמֶשׁ וְכַיָּרֵחַ. וְיָדֵינוּ פְרוּשׂוֹת כְּנִשְׁרֵי שָׁמָיִם. וְרַגְלֵינוּ קַלּוֹת כָּאַיָּלוֹת. אֵין אֲנַחְנוּ מַסְפִּיקִין לְהוֹדוֹת לְךָ ה' אֱלֹהֵינוּ. וּלְבָרֵךְ אֶת שִׁמְךָ מַלְכֵּנוּ. עַל אַחַת מֵאֶלֶף אַלְפֵי אֲלָפִים וְרוֹב רִבֵּי רְבָבוֹת פְּעָמִים. הַטּוֹבוֹת נִסִּים וְנִפְלָאוֹת שֶׁעָשִׂיתָ עִמָּנוּ וְעִם אֲבוֹתֵינוּ. מִלְּפָנִים מִמִּצְרַיִם גְּאַלְתָּנוּ ה' אֱלֹהֵינוּ. מִבֵּית עֲבָדִים פְּדִיתָנוּ. בְּרָעָב זַנְתָּנוּ. וּבְשָׂבָע כִּלְכַּלְתָּנוּ מֵחֶרֶב הִצַּלְתָּנוּ. מִדֶּבֶר מִלַּטְתָּנוּ. וּמֵחֳלָאִים רָעִים וְרַבִּים דִּלִּיתָנוּ. עַד הֵנָּה עֲזָרוּנוּ רַחֲמֶיךָ וְלֹא עֲזָבוּנוּ חֲסָדֶיךָ. עַל כֵּן אֵבָרִים שֶׁפִּלַּגְתָּ בָּנוּ. וְרוּחַ וּנְשָׁמָה שֶׁנָּפַחְתָּ בְּאַפֵּינוּ. וְלָשׁוֹן אֲשֶׁר שַׂמְתָּ בְּפִינוּ. הֵן הֵם יוֹדוּ וִיבָרְכוּ. וִישַׁבְּחוּ. וִיפָאֲרוּ. וִישׁוֹרְרוּ. אֶת שִׁמְךָ מַלְכֵּנוּ תָּמִיד. כִּי כָל פֶּה לְךָ יוֹדֶה. וְכָל לָשׁוֹן לְךָ תְשַׁבֵּחַ. וְכָל עַיִן לְךָ תְצַפֶּה וְכָל בֶּרֶךְ לְךָ תִכְרַע. וְכָל קוֹמָה לְפָנֶיךָ תִשְׁתַּחֲוֶה. וְהַלְּבָבוֹת יִירָאוּךָ וְהַקֶּרֶב וְהַכְּלָיוֹת יְזַמְּרוּ לִשְׁמֶךָ. כַּדָּבָר שֶׁנֶּאֱמַר כָּל עַצְמֹתַי תֹּאמַרְנָה ה' מִי כָמוֹךָ מַצִּיל עָנִי מֵחָזָק מִמֶּנּוּ וְעָנִי וְאֶבְיוֹן מִגֹּזְלוֹ: שַׁוְעַת עֲנִיִּים אַתָּה תִשְׁמַע. צַעֲקַת הַדַּל תַּקְשִׁיב וְתוֹשִׁיעַ וְכָתוּב רַנְּנוּ צַדִּיקִים בַּה' לַיְשָׁרִים נָאוָה תְהִלָּה:

בְּפִי יְשָׁרִים תִּתְרוֹמָם:
וּבְשִׂפְתֵי צַדִּיקִים תִּתְבָּרַךְ:
וּבִלְשׁוֹן חֲסִידִים תִּתְקַדָּשׁ:
וּבְקֶרֶב קְדוֹשִׁים תִּתְהַלָּל:

בְּמִקְהֲלוֹת רִבְבוֹת עַמְּךָ בֵּית יִשְׂרָאֵל שֶׁכֵּן חוֹבַת כָּל הַיְצוּרִים לְפָנֶיךָ ה' אֱלֹהֵינוּ וֵאלֹהֵי אֲבוֹתֵינוּ לְהוֹדוֹת. לְהַלֵּל. לְשַׁבֵּחַ. לְפָאֵר. לְרוֹמֵם. לְהַדֵּר. וּלְנַצֵּחַ. עַל כָּל דִּבְרֵי שִׁירוֹת וְתִשְׁבָּחוֹת דָּוִד בֶּן יִשַׁי עַבְדְּךָ מְשִׁיחֶךָ: וּבְכֵן

יִשְׁתַּבַּח שִׁמְךָ לָעַד מַלְכֵּנוּ הָאֵל הַמֶּלֶךְ הַגָּדוֹל וְהַקָּדוֹשׁ בַּשָּׁמַיִם וּבָאָרֶץ כִּי לְךָ נָאֶה ה' אֱלֹהֵינוּ וֵאלֹהֵי אֲבוֹתֵינוּ לְעוֹלָם וָעֶד. שִׁיר וּשְׁבָחָה. הַלֵּל וְזִמְרָה. עֹז וּמֶמְשָׁלָה. נֶצַח. גְּדֻלָּה. גְּבוּרָה. תְּהִלָּה וְתִפְאֶרֶת. קְדֻשָּׁה וּמַלְכוּת. בְּרָכוֹת וְהוֹדָאוֹת לְשִׁמְךָ הַגָּדוֹל וְהַקָּדוֹשׁ. וּמֵעוֹלָם וְעַד עוֹלָם אַתָּה אֵל:

יְהַלְלוּךָ ה' אֱלֹהֵינוּ כָּל מַעֲשֶׂיךָ וַחֲסִידֶךָ וְצַדִּיקִים עוֹשֵׂי רְצוֹנֶךָ וְעַמְּךָ בֵּית יִשְׂרָאֵל כֻּלָּם בְּרִנָּה יוֹדוּ וִיבָרְכוּ וִישַׁבְּחוּ וִיפָאֲרוּ אֶת שֵׁם כְּבוֹדֶךָ. כִּי לְךָ טוֹב לְהוֹדוֹת. וּלְשִׁמְךָ נָעִים לְזַמֵּר. וּמֵעוֹלָם וְעַד עוֹלָם אַתָּה אֵל.

בָּרוּךְ אַתָּה ה', מֶלֶךְ מְהֻלָּל בַּתִּשְׁבָּחוֹת.

The breath of all life praises Your name, Adonai, our God, and the spirit of all flesh glorifies and exalts Your mention, our sovereign, always. You are God forever and ever, and beside You we have no other sovereign to redeem, save, free, rescue, provide for, and have mercy at every time of affliction and oppression. We have no sovereign but You. You are God of the firsts and the lasts, God of all creations and master of all their descendants, who is praised with

Passover Haggadah   הגדה של פסח

the greatest praises and who governs His world in kindness and His creations in mercy. Adonai neither slumbers nor sleeps. The one who wakes the sleeping and arouses the slumbering, who causes the dumb to speak, releases the bound, supports the fallen, and straightens the bent to You alone do we give thanks. If our mouths were as full of song as the sea, and on our tongues cries of joy like its mighty waves, and our lips as broad as the horizon with praise, and our eyes radiant like the sun and moon, and our hands stretched out like eagles in the sky, and our legs nimble as rams, we could not thank You enough, Adonai, our God, and God of our ancestors. Nor could we bless Your name for even one of the thousands upon thousands and myriads upon myriads of good things that You have done for our ancestors and for us. You redeemed us from Egypt, Adonai, our God, and You rescued us from the house of slavery. You fed us during famine and gave us food during times of satiety. You saved us from the sword, rescued us from disease, and spared us from terrible sickness. Until now, Your mercy has helped us, and Your kindness has not left us. Do not abandon us, Adonai, our God, ever! Therefore, the limbs

Passover Haggadah   הגדה של פסח

that You formed for us, the breath and spirit that You blew into our nostrils, and the tongues that you placed in our mouths will indeed thank and bless and praise and glorify and exalt and worship and sanctify Your name and declare You sovereign, our sovereign. For every mouth will thank You, every tongue will swear, every knee will bend to You, all heights will bow down to You, all hearts will fear You, and all innards and kidneys will sing to Your name, as Scripture says: "All my bones say: Adonai, who is like You? You rescue the humble from one who is stronger than he, and the humble and poor from the one who robs him". Who can be compared to You, who can be likened to You, who is similar to You, great, mighty, awesome God, Most High God, Master of Heaven and Earth? We will praise and extol and glorify You and bless Your holy name, as Scripture says: "By David: Bless Adonai, my soul, and all my innards His holy name".

God, in the greatness of Your might; Great One, in the glory of Your name; Eternally Mighty One, Awesome One, in Your awesomeness; sovereign, who sits on a high and exalted throne.

Passover Haggadah   הגדה של פסח

The One who endures forever — exalted and holy is His name! Scripture says: The righteous rejoice in Adonai. praise is pleasant to the upright.

In the mouths of the upright He is praised, in the words of the righteous He is blessed, by the tongues of the pious He is exalted, and in the midst of the holy He is sanctified.

In the congregation of the myriads of Your people, the family of Israel, Your name will be glorified, our sovereign, in each and every generation. For this is the duty of all creations before You, Adonai our God and God of our ancestors: to thank and praise and glorify You beyond all the words of the songs and praises of David, Your anointed servant.

May Your name be praised forever, our sovereign, Great and holy divine sovereign in the heavens and the earth. For You is fitting, Adonai our God and God of our ancestors, song and exaltation, praise and melody, might and power, eminence, greatness, strength, praise, glory, holiness, sovereignty, blessings and thanks from now and for all eternity. Blessed are You, Adonai, divine sovereign worthy of praise and thanksgiving, master of wonders who chooses melodious songs, royal God who endures forever.

בלילה הראשון אומרים: **וַיְהִי בַּחֲצִי הַלַּיְלָה**

וּבְכֵן וַיְהִי בַּחֲצִי הַלַּיְלָה:
אָז רוֹב נִסִּים הִפְלֵאתָ בַּלַּיְלָה:
בְּרֹאשׁ אַשְׁמוּרוֹת זֶה הַלַּיְלָה:
גֵּר צֶדֶק נִצַּחְתּוֹ כְּנֶחֱלַק לוֹ לַיְלָה:
דַּנְתָּ מֶלֶךְ גְּרָר בַּחֲלוֹם הַלַּיְלָה:
הִפְחַדְתָּ אֲרַמִּי בְּאֶמֶשׁ לַיְלָה:
וַיִּשְׂרָאֵל יָשַׂר לָאֵל וַיּוּכַל לוֹ לַיְלָה:
זֶרַע בְּכוֹרֵי פַתְרוֹס מָחַצְתָּ בַּחֲצִי הַלַּיְלָה:
חֵילָם לֹא מָצְאוּ בְּקוּמָם בַּלַּיְלָה:
טִסַּת נְגִיד חֲרוֹשֶׁת סִלִּיתָ בְּכוֹכְבֵי לַיְלָה:
יָעַץ מְחָרֵף לְנוֹפֵף אִוּוּי הוֹבַשְׁתָּ פְגָרָיו בַּלַּיְלָה:
כָּרַע בֵּל וּמַצָּבוֹ בְּאִישׁוֹן לַיְלָה:
לְאִישׁ חֲמוּדוֹת נִגְלָה רָז חֲזוֹת לַיְלָה:
מִשְׁתַּכֵּר בִּכְלֵי קֹדֶשׁ נֶהֱרַג בּוֹ בַלַּיְלָה:
נוֹשַׁע מִבּוֹר אֲרָיוֹת פּוֹתֵר בִּעֲתוּתֵי לַיְלָה:
שִׂנְאָה נָטַר אֲגָגִי וְכָתַב סְפָרִים בַּלַּיְלָה:
עוֹרַרְתָּ נִצְחֲךָ עָלָיו בְּנֶדֶד שְׁנַת לַיְלָה:
פּוּרָה תִדְרוֹךְ לְשֹׁמֵר מַה מִּלַּיְלָה:
צָרַח כַּשּׁוֹמֵר וְשָׂח אָתָא בוֹקֶר וְגַם לַיְלָה:
קָרֵב יוֹם אֲשֶׁר הוּא לֹא יוֹם וְלֹא לַיְלָה:
רָם הוֹדַע כִּי לְךָ הַיּוֹם אַף לְךָ הַלַּיְלָה:
שׁוֹמְרִים הַפְקֵד לְעִירְךָ כָּל הַיּוֹם וְכָל הַלַּיְלָה:

Passover Haggadah   הגדה של פסח

תָּאִיר כְּאוֹר יוֹם חֶשְׁכַּת לַיְלָה:

On the first night recite the following: It happened at midnight: You brought about many miracles at night. At the beginning of the watches on this night You brought victory to [Abraham,] the righteous convert, in the middle of the night. You passed judgment on the king of Gerar in a dream of night. You frightened [Laban] the Aramean "last night." Israel fought with God and prevailed over Him at night. You crushed the firstborn of Pathros [Egypt] at midnight. They did not find their host when they rose at night. You defeated the prince of Harosheth [Sisera] with the stars of night. You dried up the corpses of the blasphemer [Sennacherib] who plotted to rise up against Zion at night. [The statue of] Bel and the one who erected it [Nebuchadnezar] kneeled in the dark of night. The secret of visions was revealed to the beloved man [Daniel] at night. [Belshazar,] the one who became drunk by [drinking from] the sacred vessels was killed on that night. [Daniel] was saved from the pit of lions, he who interpreted the terrors of night. The Aggagite [Haman] nursed his hatred and wrote edicts at night. You aroused Your victory over him [Haman] when sleep fled [from Ahasuerus] at night.

You will trample the winepress for [the one who asks,] "Watchman, what of the night?" He [God] cried out like a watchman, saying, "Morning has come, as well as Layla/Night. Bring near the day that is neither day nor night. Most High, make known that Yours is the day as well as the night. Appoint watchmen [to guard] Your city all day and all night. Illuminate like day the dark of night.

בלילה השני אומרים: **וַאֲמַרְתֶּם זֶבַח פֶּסַח**

וּבְכֵן, וַאֲמַרְתֶּם זֶבַח פֶּסַח:
אוֹמֶץ גְּבוּרוֹתֶיךָ הִפְלֵאתָ בַּפֶּסַח:
בְּרֹאשׁ כָּל מוֹעֲדוֹת נִשֵּׂאתָ פֶּסַח:
גִּלִּיתָ לְאֶזְרָחִי חֲצוֹת לֵיל פֶּסַח:
דְּלָתָיו דָּפַקְתָּ כְּחוֹם הַיּוֹם בַּפֶּסַח:
הִסְעִיד נוֹצְצִים עֻגוֹת מַצּוֹת בַּפֶּסַח:
וְאֶל הַבָּקָר רָץ זֵכֶר לְשׁוֹר עֵרֶךְ פֶּסַח:
זוֹעֲמוּ סְדוֹמִים וְלוֹהֲטוּ בָּאֵשׁ פֶּסַח:
חֻלַּץ לוֹט מֵהֶם וּמַצּוֹת אָפָה בְּקֵץ פֶּסַח:
טִאטֵאתָ אַדְמַת מוֹף וְנוֹף בְּעָבְרְךָ בַּפֶּסַח:
יָהּ רֹאשׁ כָּל אוֹן מָחַצְתָּ בְּלֵיל שִׁמּוּר פֶּסַח:
כַּבִּיר עַל בֵּן בְּכוֹר פָּסַחְתָּ בְּדַם פֶּסַח:
לְבִלְתִּי תֵּת מַשְׁחִית לָבֹא בִפְתָחַי בַּפֶּסַח:
מְסֻגֶּרֶת סֻגָּרָה בְּעִתּוֹתֵי פֶּסַח:
נִשְׁמְדָה מִדְיָן בִּצְלִיל שְׂעוֹרֵי עֹמֶר פֶּסַח:
שׂוֹרְפוּ מִשְׁמַנֵּי פּוּל וְלוּד בִּיקַד יְקוֹד פֶּסַח:
עוֹד הַיּוֹם בְּנֹב לַעֲמוֹד עַד גָּעָה עוֹנַת פֶּסַח:

פַּס יָד כָּתְבָה לְקַעֲקֵעַ צוּל בַּפֶּסַח:
צָפֹה הַצָּפִית עָרוֹךְ הַשֻּׁלְחָן בַּפֶּסַח:
קָהָל כִּנְּסָה הֲדַסָּה לְשַׁלֵּשׁ צוֹם בַּפֶּסַח:
רֹאשׁ מִבֵּית רָשָׁע מָחַצְתָּ בְּעֵץ חֲמִשִּׁים בַּפֶּסַח:
שְׁתֵּי אֵלֶּה רֶגַע תָּבִיא לְעוּצִית בַּפֶּסַח:
תָּעֹז יָדְךָ תָּרוּם יְמִינְךָ כְּלֵיל הִתְקַדֵּשׁ חַג פֶּסַח:

On the second night recite the following: You shall say: "The Passover sacrifice." You wrought mighty wonders on Passover. The first of all festivals, You exalted Passover. You revealed to the Ezrahite [Abraham] [that which would occur] at midnight on Passover. You knocked on his [Abraham's] door in the heat of the day on Passover. He fed the luminous [angels] loaves of matzah on Passover. He ran to the cattle, which are reminiscent of the ox about which we read on Passover. Your wrath was unleashed on the inhabitants of Sodom, who were burned by fire on Passover. Lot escaped from them and baked matzah at the end of Passover. You destroyed the land of Moph and Noph [Egypt] when You passed through on Passover. Yah, You crushed the all the first of their strength on the night of the observance of Passover. Mighty One, You passed over the son [Israel, whose houses were marked] with the blood of the lamb of

Passover so as not to allow the Destroyer to enter my doorways on Passover. The enclosed [city of Jericho] was closed at the time of Passover. Midian was destroyed by a cake of barley from the omer offering of Passover. The fat of Pul and Lud [Assyria] was burned by a fire kindled on Passover. Still on this day, he [Sennacherib] stood at Nob until the arrival of the season of Passover. The hand wrote, engraving deeply, on Passover. "Let the watchmen watch!" "Set the table!"— on Passover. Hadassah assembled the people to fast for three days on Passover. You crushed the roof of the wicked one's [Haman's] house with a fifty-[cubit] stake on Passover. Cause these two things to happen to the Utsite [Edom] on Passover. May Your hand be strengthened, may Your right hand be mightily exalted, as on the night of the holy festival of Passover.

כִּי לוֹ נָאֶה. כִּי לוֹ יָאֶה:

אַדִּיר בִּמְלוּכָה. בָּחוּר כַּהֲלָכָה. גְּדוּדָיו יֹאמְרוּ לוֹ. לְךָ וּלְךָ. לְךָ כִּי לְךָ. לְךָ אַף לְךָ. לְךָ יְיָ הַמַּמְלָכָה:

דָּגוּל בִּמְלוּכָה. הָדוּר כַּהֲלָכָה. וָתִיקָיו יֹאמְרוּ לוֹ. זַכַּאי בִּמְלוּכָה. חָסִין כַּהֲלָכָה. טַפְסְרָיו יֹאמְרוּ לוֹ. יָחִיד בִּמְלוּכָה. כַּבִּיר כַּהֲלָכָה. לִמּוּדָיו יֹאמְרוּ לוֹ. מָרוֹם

בִּמְלוּכָה. נוֹרָא כַּהֲלָכָה. סְבִיבָיו יֹאמְרוּ לוֹ. עָנָיו בִּמְלוּכָה. פּוֹדֶה כַּהֲלָכָה. צַדִּיקָיו יֹאמְרוּ לוֹ. קָדוֹשׁ בִּמְלוּכָה. רַחוּם כַּהֲלָכָה. שִׁנְאַנָּיו יֹאמְרוּ לוֹ. תַּקִּיף בִּמְלוּכָה. תּוֹמֵךְ כַּהֲלָכָה. תְּמִימָיו יֹאמְרוּ לוֹ.

לְשָׁנָה הַבָּאָה בִּירוּשָׁלָיִם

Because it is proper for Him, because it befits Him. Mighty in sovereignty, rightly select. His minions say to Him: Yours and Yours. Yours because it is Yours, Yours and only Yours Yours, Adonai, is sovereignty. Exalted in sovereignty, rightly glorious. His faithful ones say to Him: Yours and Yours. Yours because it is Yours, Yours and only Yours Yours, Adonai, is sovereignty. Blameless in sovereignty, rightly powerful. His generals say to Him: Yours and Yours. Yours because it is Yours, Yours and only Yours Yours, Adonai, is sovereignty. Singular in sovereignty, rightly strong. His learned ones say to Him: Yours and Yours, Yours because it is Yours, Yours and only Yours Yours, Adonai, is sovereignty. Exalted in sovereignty, rightly awesome. Those who surround Him say to Him: Yours and Yours, Yours because it is Yours, Yours and only Yours Yours, Adonai, is sovereignty. Humble in sovereignty, rightly saving. His righteous ones say to Him:

Yours and Yours, Yours because it is Yours, Yours and only Yours Yours, Adonai, is sovereignty. Holy in sovereignty, rightly merciful. His multitudes say to Him: Yours and Yours, Yours because it is Yours, Yours and only Yours Yours, Adonai, is sovereignty. Strong in sovereignty, rightly supportive. His perfect ones say to Him: "Yours and Yours, Yours because it is Yours, Yours and only Yours Yours, Adonai, is sovereignty.

Next year in Jerusalem

וישתה בלי ברכה (האשכנזים מברכים בורא פרי הגפן על כוס זאת)

וישתה את הכוס בהסבה:

בָּרוּךְ אַתָּה ה' אֱלֹהֵינוּ מֶלֶךְ הָעוֹלָם, בּוֹרֵא פְּרִי הַגֶּפֶן: על יין של ארץ ישראל אומר: פְּרִי גַּפְנָהּ.

Drink the fourth cup while leaning to the left:

Blessed are You, Adonai, our God, sovereign of the universe, creator of the fruit of the vine.

ואחר כך יברך ברכה אחרונה:

בָּרוּךְ אַתָּה ה' אֱלֹהֵינוּ מֶלֶךְ הָעוֹלָם, עַל הַגֶּפֶן וְעַל פְּרִי הַגֶּפֶן וְעַל תְּנוּבַת הַשָּׂדֶה וְעַל אֶרֶץ חֶמְדָּה טוֹבָה וּרְחָבָה שֶׁרָצִיתָ וְהִנְחַלְתָּ לַאֲבוֹתֵינוּ לֶאֱכוֹל מִפִּרְיָהּ וְלִשְׂבּוֹעַ מִטּוּבָהּ. רַחֵם ה' אֱלֹהֵינוּ עָלֵינוּ וְעַל יִשְׂרָאֵל עַמָּךְ וְעַל יְרוּשָׁלַיִם עִירָךְ וְעַל הַר צִיּוֹן מִשְׁכַּן כְּבוֹדָךְ. וְעַל מִזְבְּחָךְ. וְעַל הֵיכָלָךְ. וּבְנֵה יְרוּשָׁלַיִם עִיר הַקֹּדֶשׁ בִּמְהֵרָה בְּיָמֵינוּ. וְהַעֲלֵנוּ לְתוֹכָהּ. וְשַׂמְּחֵנוּ בְּבִנְיָנָהּ וּנְבָרְכָךְ עָלֶיהָ בִּקְדֻשָּׁה וּבְטָהֳרָה.

בשבת אומר: וּרְצֵה וְהַחֲלִיצֵנוּ בְּיוֹם הַשַּׁבָּת הַזֶּה.

וְשַׂמְּחֵנוּ בְּיוֹם חַג הַמַּצּוֹת הַזֶּה.

בְּיוֹם טוֹב מִקְרָא קֹדֶשׁ הַזֶּה.

כִּי אַתָּה טוֹב וּמֵטִיב לַכֹּל. וְנוֹדֶה לְךָ ה' אֱלֹהֵינוּ עַל הָאָרֶץ וְעַל פְּרִי הַגֶּפֶן:

בָּרוּךְ אַתָּה ה' עַל הָאָרֶץ וְעַל פְּרִי הַגֶּפֶן : על יין של ארץ ישראל אומר: **פְּרִי גַּפְנָהּ:**

Blessed are You, Adonai our God, sovereign of the universe, for the vine and for the fruit of the vine, for the produce of the field, and for the beloved, good, and broad land that You desired and bequeathed to our ancestors so that they could eat of its fruit and be sated with its goodness. Have mercy, Adonai our God, on Your people, Israel, on Your city, Jerusalem, on Zion, the dwelling-place of Your Glory, on Your altar, and on Your temple. Rebuild the holy city of Jerusalem speedily in our days, bring us to it, and let us rejoice in it. Then we will eat of its fruit and be sated with its goodness, and we will bless You for it in holiness and purity.

When the festival occurs on Shabbat, start here
May it be Your will to strengthen us on this Sabbath day.

Let us rejoice on this festival of Matzot. For You, Adonai, are good and do good for everyone, and we thank You for the land and for the fruit of the vine. Blessed are You, Adonai, for the land and for the fruit of the vine.

נרצה
Concluding Songs

לַשָּׁנָה הַבָּאָה בִּירוּשָׁלַיִם הַבְּנוּיָה

Next year in Jerusalem Built

Passover Haggadah הגדה של פסח

חג גדיא

חַד גַּדְיָא חַד גַּדְיָא. דְזַבִּין אַבָּא בִּתְרֵי זוּזֵי.
חַד גַּדְיָא חַד גַּדְיָא.

שׁוּנְרָא וְאָכְלָה לְגַדְיָא. דְזַבִּין אַבָּא בִּתְרֵי זוּזֵי.
חַד גַּדְיָא חַד גַּדְיָא.

וְאָתָא כַלְבָּא וְנָשַׁךְ לְשׁוּנְרָא. דְאָכְלָה לְגַדְיָא. דְזַבִּין אַבָּא בִּתְרֵי זוּזֵי. חַד גַּדְיָא חַד גַּדְיָא.

וְאָתָא חוּטְרָא. וְהִכָּה לְכַלְבָּא. דְנָשַׁךְ לְשׁוּנְרָא. דְאָכְלָה לְגַדְיָא. דְזַבִּין אַבָּא בִּתְרֵי זוּזֵי.
חַד גַּדְיָא חַד גַּדְיָא.

וְאָתָא נוּרָא. וְשָׂרַף לְחוּטְרָא. דְהִכָּה לְכַלְבָּא. דְנָשַׁךְ לְשׁוּנְרָא. דְאָכְלָה לְגַדְיָא. דְזַבִּין אַבָּא בִּתְרֵי זוּזֵי.
חַד גַּדְיָא חַד גַּדְיָא.

וְאָתָא מַיָּא. וְכָבָה לְנוּרָא. דְשָׂרַף לְחוּטְרָא. דְהִכָּה לְכַלְבָּא. דְנָשַׁךְ לְשׁוּנְרָא. דְאָכְלָה לְגַדְיָא. דְזַבִּין אַבָּא בִּתְרֵי זוּזֵי.
חַד גַּדְיָא חַד גַּדְיָא.

וְאָתָא תוֹרָא וְשָׁתָה לְמַיָּא. דְּהִכָּה לְנוּרָא. דְּשָׂרַף לְחוּטְרָא. דְּהִכָּה לְכַלְבָּא. דְּנָשַׁךְ לְשׁוּנְרָא. דְּאָכְלָה לְגַדְיָא דְּזַבִּין אַבָּא בִּתְרֵי זוּזֵי

חַד גַּדְיָא חַד גַּדְיָא.

וְאָתָא הַשּׁוֹחֵט. וְשָׁחַט לְתוֹרָא. דְּשָׁתָא לְמַיָּא. דְּכָבָה לְנוּרָא. דְּשָׂרַף לְחוּטְרָא. דְּהִכָּה לְכַלְבָּא. דְּנָשַׁךְ לְשׁוּנְרָא. דְּאָכְלָה לְגַדְיָא. דְּזַבִּין אַבָּא בִּתְרֵי זוּזֵי.

חַד גַּדְיָא חַד גַּדְיָא.

וְאָתָא מַלְאַךְ הַמָּוֶת. וְשָׁחַט לְשׁוֹחֵט. דְּשָׁחַט לְתוֹרָא. דְּשָׁתָה לְמַיָּא. דְּכָבָה לְנוּרָא. דְּשָׂרַף לְחוּטְרָא. דְּהִכָּה לְכַלְבָּא. דְּנָשַׁךְ לְשׁוּנְרָא. דְּאָכְלָה לְגַדְיָא. דְּזַבִּין אַבָּא בִּתְרֵי זוּזֵי.

חַד גַּדְיָא חַד גַּדְיָא.

וְאָתָא הַקָּדוֹשׁ בָּרוּךְ הוּא. וְשָׁחַט לְמַלְאַךְ הַמָּוֶת. דְּשָׁחַט לְשׁוֹחֵט. דְּשָׁחַט לְתוֹרָא. דְּשָׁתָה לְמַיָּא. דְּכָבָה לְנוּרָא. דְּשָׂרַף לְחוּטְרָא. דְּהִכָּה לְכַלְבָּא. דְּנָשַׁךְ לְשׁוּנְרָא. דְּאָכְלָה לְגַדְיָא. דְּזַבִּין אַבָּא בִּתְרֵי זוּזֵי.

חַד גַּדְיָא חַד גַּדְיָא.

Passover Haggadah   הגדה של פסח

אחד מי יודע

אֶחָד מִי יוֹדֵעַ. אֶחָד אֲנִי יוֹדֵעַ. אֶחָד אֱלֹהֵינוּ שֶׁבַּשָּׁמַיִם וּבָאָרֶץ:

Who knows one? I know one! One is our God in the heavens and the earth.

שְׁנַיִם מִי יוֹדֵעַ. שְׁנַיִם אֲנִי יוֹדֵעַ. שְׁנֵי לֻחוֹת הַבְּרִית. אֶחָד אֱלֹהֵינוּ שֶׁבַּשָּׁמַיִם וּבָאָרֶץ:

Who knows two? I know two! Two are the tablets of the covenant, and one is our God in the heavens and the earth.

שְׁלֹשָׁה מִי יוֹדֵעַ. שְׁלֹשָׁה אֲנִי יוֹדֵעַ. שְׁלֹשָׁה אָבוֹת. שְׁנֵי לֻחוֹת הַבְּרִית. אֶחָד אֱלֹהֵינוּ שֶׁבַּשָּׁמַיִם וּבָאָרֶץ:

Who knows three? I know three! Three are the fathers, two are the tablets of the covenant, and one is our God in the heavens and the earth.

אַרְבַּע מִי יוֹדֵעַ. אַרְבַּע אֲנִי יוֹדֵעַ. אַרְבַּע אִמָּהוֹת. שְׁלֹשָׁה אָבוֹת. שְׁנֵי לֻחוֹת הַבְּרִית. אֶחָד אֱלֹהֵינוּ שֶׁבַּשָּׁמַיִם וּבָאָרֶץ:

Who knows four? I know four! Four are the matriarchs, three are the patriarchs, two are the tablets of the covenant, and one is our God in the heavens and the earth.

חֲמִשָּׁה מִי יוֹדֵעַ. חֲמִשָּׁה אֲנִי יוֹדֵעַ. חֲמִשָּׁה חֻמְשֵׁי תוֹרָה. אַרְבַּע אִמָּהוֹת. שְׁלֹשָׁה אָבוֹת. שְׁנֵי לֻחוֹת הַבְּרִית. אֶחָד אֱלֹהֵינוּ שֶׁבַּשָּׁמַיִם וּבָאָרֶץ:

Passover Haggadah   הגדה של פסח

Who knows five? I know five! Five are the books of the Torah, four are the matriarchs, three are the patriarchs, two are the tablets of the covenant, and one is our God in the heavens and the earth

שִׁשָּׁה מִי יוֹדֵעַ. שִׁשָּׁה אֲנִי יוֹדֵעַ. שִׁשָּׁה סִדְרֵי מִשְׁנָה. חֲמִשָּׁה חֻמְשֵׁי תוֹרָה. אַרְבַּע אִמָּהוֹת. שְׁלֹשָׁה אָבוֹת. שְׁנֵי לֻחוֹת הַבְּרִית. אֶחָד אֱלֹהֵינוּ שֶׁבַּשָּׁמַיִם וּבָאָרֶץ:

Who knows six? I know six! Six are the orders of the Mishnah, five are the books of the Torah, four are the matriarchs, three are the patriarchs, two are the tablets of the covenant, and one is our God in the heavens and the earth

שִׁבְעָה מִי יוֹדֵעַ. שִׁבְעָה אֲנִי יוֹדֵעַ. שִׁבְעָה יְמֵי שַׁבַּתָּא. שִׁשָּׁה סִדְרֵי מִשְׁנָה. חֲמִשָּׁה חֻמְשֵׁי תוֹרָה. אַרְבַּע אִמָּהוֹת. שְׁלֹשָׁה אָבוֹת. שְׁנֵי לֻחוֹת הַבְּרִית. אֶחָד אֱלֹהֵינוּ שֶׁבַּשָּׁמַיִם וּבָאָרֶץ:

Who knows seven? I know seven! seven are the days of the week, six are the orders of the Mishnah, five are the books of the Torah, four are the matriarchs, three are the patriarchs, two are the tablets of the covenant, and one is our God in the heavens and the earth.

שְׁמוֹנָה מִי יוֹדֵעַ. שְׁמוֹנָה אֲנִי יוֹדֵעַ. שְׁמוֹנָה יְמֵי מִילָה. שִׁבְעָה יְמֵי שַׁבַּתָּא. שִׁשָּׁה סִדְרֵי מִשְׁנָה. חֲמִשָּׁה חֻמְשֵׁי תוֹרָה. אַרְבַּע אִמָּהוֹת. שְׁלֹשָׁה אָבוֹת. שְׁנֵי לֻחוֹת הַבְּרִית. אֶחָד אֱלֹהֵינוּ שֶׁבַּשָּׁמַיִם וּבָאָרֶץ:

Who knows eight? I know eight! Eight are the days until circumcision, seven are the days of the week, six are the orders of the Mishnah, five are the books of the

Passover Haggadah   הגדה של פסח

Torah, four are the matriarchs, three are the patriarchs, two are the tablets of the covenant, and one is our God in the heavens and the earth.

תִּשְׁעָה מִי יוֹדֵעַ. תִּשְׁעָה אֲנִי יוֹדֵעַ. תִּשְׁעָה יַרְחֵי לֵידָה. שְׁמוֹנָה יְמֵי מִילָה. שִׁבְעָה יְמֵי שַׁבַּתָּא. שִׁשָּׁה סִדְרֵי מִשְׁנָה. חֲמִשָּׁה חֻמְשֵׁי תוֹרָה. אַרְבַּע אִמָּהוֹת. שְׁלֹשָׁה אָבוֹת. שְׁנֵי לֻחוֹת הַבְּרִית. אֶחָד אֱלֹהֵינוּ שֶׁבַּשָּׁמַיִם וּבָאָרֶץ:

Who knows nine? I know nine! Nine are the months of pregnancy, eight are the days until circumcision, seven are the days of the week, six are the orders of the Mishnah, five are the books of the Torah, four are the matriarchs, three are the patriarchs, two are the tablets of the covenant, and one is our God in the heavens and the earth.

עֲשָׂרָה מִי יוֹדֵעַ. עֲשָׂרָה אֲנִי יוֹדֵעַ. עֲשָׂרָה דִבְּרַיָּא. תִּשְׁעָה יַרְחֵי לֵידָה. שְׁמוֹנָה יְמֵי מִילָה. שִׁבְעָה יְמֵי שַׁבַּתָּא. שִׁשָּׁה סִדְרֵי מִשְׁנָה. חֲמִשָּׁה חֻמְשֵׁי תוֹרָה. אַרְבַּע אִמָּהוֹת. שְׁלֹשָׁה אָבוֹת. שְׁנֵי לֻחוֹת הַבְּרִית. אֶחָד אֱלֹהֵינוּ שֶׁבַּשָּׁמַיִם וּבָאָרֶץ:

Who knows ten? I know ten! Ten are the commandments, nine are the months of pregnancy, eight are the days until circumcision, seven are the days of the week, six are the orders of the Mishnah, five are the books of the Torah, four are the matriarchs, three are the patriarchs, two are the tablets of the covenant, and one is our God in the heavens and the earth.

אַחַד עָשָׂר מִי יוֹדֵעַ. אַחַד עָשָׂר אֲנִי יוֹדֵעַ. אַחַד עָשָׂר כּוֹכְבַיָּא. עֲשָׂרָה דִבְּרַיָּא. תִּשְׁעָה יַרְחֵי לֵידָה. שְׁמוֹנָה יְמֵי מִילָה. שִׁבְעָה יְמֵי שַׁבַּתָּא. שִׁשָּׁה סִדְרֵי מִשְׁנָה. חֲמִשָּׁה חֻמְשֵׁי תוֹרָה. אַרְבַּע אִמָּהוֹת. שְׁלֹשָׁה אָבוֹת. שְׁנֵי לֻחוֹת הַבְּרִית. אֶחָד אֱלֹהֵינוּ שֶׁבַּשָּׁמַיִם וּבָאָרֶץ:

Who knows eleven? I know eleven! Eleven are the stars [in Joseph's dream], ten are the commandments, nine are the months of pregnancy, eight are the days until circumcision, seven are the days of the week, six are the orders of the Mishnah, five are the books of the Torah, four are the matriarchs, three are the patriarchs, two are the tablets of the covenant, and one is our God in the heavens and the earth.

שְׁנֵים עָשָׂר מִי יוֹדֵעַ. שְׁנֵים עָשָׂר אֲנִי יוֹדֵעַ. שְׁנֵים עָשָׂר שִׁבְטַיָּא. אַחַד עָשָׂר כּוֹכְבַיָּא. עֲשָׂרָה דִבְּרַיָּא. תִּשְׁעָה יַרְחֵי לֵידָה. שְׁמוֹנָה יְמֵי מִילָה. שִׁבְעָה יְמֵי שַׁבַּתָּא. שִׁשָּׁה סִדְרֵי מִשְׁנָה. חֲמִשָּׁה חֻמְשֵׁי תוֹרָה. אַרְבַּע אִמָּהוֹת. שְׁלֹשָׁה אָבוֹת. שְׁנֵי לוּחוֹת הַבְּרִית. אֶחָד אֱלֹהֵינוּ שֶׁבַּשָּׁמַיִם וּבָאָרֶץ:

Who knows twelve? I know twelve! Twelve are the tribes [of Israel], eleven are the stars in Joseph's dream, ten are the commandments, nine are the months of pregnancy, eight are the days until circumcision, seven are the days of the week, six are the orders of the Mishnah, five are the books of the Torah, four are the matriarchs, three are the patriarchs, two are the tablets of the covenant, and one is our God in the heavens and the earth.

Passover Haggadah   הגדה של פסח

שְׁלֹשָׁה עָשָׂר מִי יוֹדֵעַ. שְׁלֹשָׁה עָשָׂר אֲנִי יוֹדֵעַ. שְׁלֹשָׁה עָשָׂר מִדַּיָּא. שְׁנֵים עָשָׂר שִׁבְטַיָּא. אַחַד עָשָׂר כּוֹכְבַיָּא. עֲשָׂרָה דִבְּרַיָּא. תִּשְׁעָה יַרְחֵי לֵידָה. שְׁמוֹנָה יְמֵי מִילָה. שִׁבְעָה יְמֵי שַׁבַּתָּא. שִׁשָּׁה סִדְרֵי מִשְׁנָה. חֲמִשָּׁה חֻמְשֵׁי תוֹרָה. אַרְבַּע אִמָּהוֹת. שְׁלֹשָׁה אָבוֹת. שְׁנֵי לֻחוֹת הַבְּרִית. אֶחָד אֱלֹהֵינוּ שֶׁבַּשָּׁמַיִם וּבָאָרֶץ:

Who knows thirteen? I know thirteen! Thirteen are the attributes [of God's mercy], twelve are the tribes [of Israel], eleven are the stars in Joseph's dream, ten are the commandments, nine are the months of pregnancy, eight are the days until circumcision, seven are the days of the week, six are the orders of the Mishnah, five are the books of the Torah, four are the matriarchs, three are the patriarchs, two are the tablets of the covenant, and one is our God in the heavens and the earth.

Passover Haggadah   הגדה של פסח

www.ingramcontent.com/pod-product-compliance
Lightning Source LLC
Chambersburg PA
CBHW070152080526
44586CB00015B/1947
* 9 7 8 1 6 1 7 0 4 6 2 3 0 *